다시 읽는
록 펠 러

JOHN DAVISON ROCKEFELLER, WHO IS HE?

다시 읽는 록펠러

십일조의 비밀을 안 최고의 부자

이 채 윤 지음

작가
교실

21세기가 20년 가까이 지난 현재, 세계는 자본주의의 위기를 겪고 있다. 많은 사람들이 성공을 위해 앞뒤 분간 없이 내달리고 있고, 세상은 1%대 99%의 살벌한 전쟁터로 변해 가는 양상이다. 그것은 성공한 많은 사람들이 성경이 가르치는 바를 망각한 탓이다.

성경은 이미 구약에서부터 자연의 이치를 통해 우리의 나아갈 바를 알려주고 있다. 구약시대부터 이스라엘 백성들은 농사를 지을 때, 땅의 힘을 너무 많이 빼앗으면 농사가 잘되지 않는다는 이치를 깨닫고 있었다. 그런 그들 사이에 수확의 10분의 1을 그대로 땅속에 묻어두는 풍습이 전해지고 있다. 또 그들은 7년에 한 번씩 1년 동안은 농사를 짓지 않고 땅을 쉬게 했다. 그러자 매년 농사를 짓던 땅에서보다 1년 휴경한 땅에서 더 많은 곡식을 수확했다.

이런 풍습은 소득의 10%를 기부하는 것으로 이어졌다. 그들은 기부의 풍습을 자연으로부터 배웠고, 교회를 통해서 그 돈을 기부했다. 십일조를 어렵게 생각하는 사람들이 많은데, 소득의 10%를 가난한 사람들을 위해 기부하는 것이라고 생각하면 얼마나 쉬운가?

이스라엘 백성들은 소득의 10%를 가난한 사람들을 위해 기부하기 시작하면서 놀라운 기적을 경험하게 된다. 그들은 소득의 10%를 기부한 후에 놀랍게도 전혀 돈 문제에 시달리지 않게 되었다. 그들은 정기적으로 수입의 10%나 되는 돈을 기부하는 보람을 느끼면서 동시에 90%만으로도 100%를 모두 가진 사람들보다 행복해질 수 있다는 것을 알게 되었다. 더욱더 놀라운 비밀은 100%를 모두 가지고 있을 때보다 더 많은 돈을 갖게 된다는 것이었다. 그래서 사람들은 소득의 10%를 기부하는 일을 땅에 거름을 주는 일과 같다고 생각했다.

　이것이 십일조의 유래이고, 세계 최고의 부자 록펠러는 그 비밀을 일찌감치 깨닫고, 그것을 실천하는 모범을 보인 사람이다. 이제는 교회 바깥의 사람들도 자기가 가진 것을 나누어주는 자가 더 많은 돈을 갖는다는 사실을 깨닫고 있다. 소득의 10%를 기부하는 일은 성공한 사람들의 습관으로 자리 잡아가고 있다. 그것이 자연의 이치이기 때문이다.

신록이 우거진
2019년 6월에

하나님이 주신 선물

사람은 누구나 하나님이 주신 선물을 한 가지씩 가지고 태어난다. 하지만 그 선물이 무엇인지 잘 알지 못하고 살거나 노력을 게을리해서 그 선물을 받지 못하고 일생을 마치는 경우가 많다. 정말 안타까운 일이다.

록펠러는 현대 자본주의를 상징하는 억만장자다.

그는 어린 시절부터 자신이 하나님에게서 어떤 선물을 받았는지를 알고 평생을 살았던 사람이다.

버트런드 러셀은 현대를 만든 사람들 가운데 가장 두드러진 공을 세운 사람으로 록펠러와 비스마르크를 꼽았다. 한 사람은 경제에서, 다른 한 사람은 정치에서, 현대 자본주의 체제와 관료제 국가 체제를 이룩하는데 큰 기여를 했다는 것이다.

'록펠러'라는 이름은 미국이란 신천지에서 펼쳐진 자본주의 경제 성장의 정점에 서 있다. 1937년 숨진 록펠러의 재산 15억 달러는 당시 미국 국내총생산의 약 1.6%에 달했다. 이를 오늘날 금액으로 환산하면 3310억 달러(395조 원)나 된다. 이는 오늘날 최고의 부자인 아마존 창업자 제프 베이조스 재산(130조 원)의 3배에 해당하는 액수다.

록펠러는 평범한 가정의 평범한 아이로 태어났다.

그에게는 다른 분야에서는 평범한 아이에 지나지 않았지만, 암산에서 뛰어났고, 난해한 수학 문제를 잘 풀 수 있는 재능이 있었다. 또한, 그는 꿈이 크고 타고난 사업 감각이 있었다. 그는 일찍이 그런 자신의 재주를 깨닫고 그런 '선물'을 내려준 하나님께 감사하는 마음을 가졌다. 그것은 신앙심이 깊었던 그의 어머니 때문이었다. 어머니는 어린 아들에게 다음과 같은 세 가지를 가르쳤다.

(1) 십일조 생활을 해야 한다.
(2) 교회에 가면 맨 앞자리에 앉아 예배를 드린다.
(3) 교회 일에 순종하고 목사님의 마음을 아프게 하지 않는다.

특히 〈말라기 3장 10절〉의 말씀을 자주 상기시켜 주었다.

"만군의 여호와가 이르노라. 너희의 온전한 십일조를 창고에 들여 나의 집에 양식이 있게 하고 그것으로 나를 시험하여 내가 하늘 문을 열고 너희에게 복을 쌓을 곳이 없도록 붓지 아니하나 보라"

아들은 평생 그 약속을 지키며 '하나님이 주신 선물'을 개발해 나갔다. 그는 어머니의 가르침에 따라 어려울 때나 기쁠 때나 기도하는 것을 잊지 않았다.

록펠러는 고등학교를 졸업하자마자 작은 회사의 사무원으로 취직했다. 그는 날도 밝기 전인 새벽 6시 30분에 출근해서 성실하게 일을 시작했다. 그리고 매일매일 일기 대신 회계장부를 꼼꼼히 기록하면서 자금의 흐름과 시세의 변화를 면밀하게 파악했다.

스무 살의 나이에 사업을 시작한 록펠러는 차츰차츰 근면과 신용을 바탕으로 백만장자의 길을 걷기 시작했다. 그는 당시 새로운 사업으로 떠오른 정유업에 과감하게 투자해서 막대한 재산을 모았다. 특히 현장 밀착형 경영 방식으로 원가절감 요소를 찾아내어 생산성의 극대화를 이루어냈고, 그렇게 경쟁 우위를 확보한 결과 미국 전체 석유의 95%를 독점하여 타의 추종을 불허하는 세계 최고의 부자가 되었다.

록펠러는 억만장자가 된 후에도 단 한 푼의 돈도 아끼는 근검절약 정신으로 평생을 일관했다. 그는 사업뿐만 아니라 가족에게도 엄격했으며 그것이 옳은 일이라고 굳게 믿는 신념의 사람이었다.

노년에 이른 록펠러는 사업에서 완전히 손을 떼고 오로지 자선사업에만 전념했다. 그는 자선사업도 수익사업만큼이나 엄청난 노력이 필요하다는 것을 깨달았다. 정말로 도움이 필요한 곳을 찾아내는 것도 돈 버는 일만큼 어려웠던 것이다. 그는 집중적이고 치밀한 자선사업을 벌임으로써 역시 "록펠러답다"는 말을 들으며 록펠러 가문의 토대를 다졌다.

"나는 돈 버는 능력을 신으로부터 받은 재능이라고 믿고 있다. 이런 신의 선물을 받은 나로서는 돈을 벌고 다시 늘려서 얻은 돈을 나의 양심의 지시에 따라 사람들에게 도움이 되도록 쓰는 것이 나의 의무라고 믿는다."

일찍이 기업가의 사회적 역할이 분명치 않았던 시절, 록펠러는 사회 사업을 통하여 자신의 부를 정당한 것으로 세상 사람들에게 인식

시켰다.

　그의 아들 록펠러 2세는 아버지의 유업을 이어받아 '록펠러 센터' 등 많은 기관들을 설립하는 한편 자선사업에 많은 노력을 기울였다. 그는 아버지가 남긴 막대한 자금과 방대한 인맥을 바탕으로 전 세계적인 네트워크를 구축해서 록펠러 가의 전성기를 일궜다.

　록펠러, 그는 한 마디로 말해서 '하나님이 주신 선물'인 돈 버는 재능을 마음껏 발휘한 사람이었다. 그는 '하나님이 주신 선물'을 제대로 받는 방법을 여러분에게 이렇게 제시하고 있다.

　"목표를 높은 곳에 두어야 합니다. 똑같은 노력이지만 목표가 이미 큰 사람은 큰 곳을 향한 노력이 되는 것이고, 먹고 사는 일에 급급한 사람은 뜻이 작기 때문에 작은 노력이 되고 마는 것입니다. 자신에게 내재되어 있는 무한한 능력을 꺼내 쓰기 위해서 가장 중요한 것은 얼마나 높은 목표를 갖느냐 하는 것입니다. 스스로 못할 것이라는 생각은 스스로를 속이는 가장 큰 거짓말임을 명심하시기 바랍니다."

차례

들어가기 전에 ⋯ 04
프롤로그 −하나님이 주신 선물 ⋯ 06

제1부 어린 시절

1. 부모님 ⋯ 15
2. 어머니의 가르침 ⋯ 24
3. 돈의 이치를 아는 아이 ⋯ 28
4. 아버지의 방황 ⋯ 33
5. 어머니와의 세 가지 약속 ⋯ 43

제2부 일찍 시작한 사업

6. 인생의 첫걸음 ⋯ 49
7. 회계장부 A ⋯ 55
8. 사업을 시작하다 ⋯ 60
9. 열아홉 살의 집사 ⋯ 67
10. 하나님이 주신 선물 ⋯ 72
11. 가정을 꾸리다 ⋯ 78
12. 왕 앞에 설 것이요 ⋯ 83
13. 행복한 가정 ⋯ 88

제3부 본격적인 사업

14. 위기의 극복 ⋯ 95
15. 믿으면 맡겨라 ⋯ 103

16. 앞날을 내다보는 혜안 ··· 110

17. 세상을 바꾼 생각 ··· 119

18. 산업계의 나폴레옹 ··· 128

19. 가장 가정적인 억만장자 ··· 138

20. 아내의 자녀교육 ··· 146

제4부 록펠러 제국

21. 브로드웨이 26번가 ··· 159

22. 병상에서 얻은 깨달음 ··· 171

23. 자선사업가 록펠러 ··· 180

24. 하나님의 계획 ··· 189

25. 은퇴 ··· 198

26. 록펠러 재단 ··· 208

27. 록펠러 2세 ··· 216

제5부 완전한 믿음

28. 세계 최고 부자의 작은 소망 ··· 231

29. 끝없는 자선사업 ··· 238

30. 더 큰 기쁨 ··· 244

31. 하나님의 말씀에 답하다 ··· 256

32. 록펠러가 남긴 것 ··· 262

에필로그 −부자로 남은 록펠러 가문 ··· 266

제1부

어린 시절

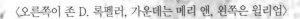
〈오른쪽이 존 D. 록펠러, 가운데는 메리 앤, 왼쪽은 윌리엄〉

1. 부모님

왕이건 농부이건
자신의 가정에 평화를 찾아낼 수 있는 자가
가장 행복한 인간이다.
-괴테

어머니

자유분방하고 괴짜였던 윌리엄 에이버리 록펠러는 '빅 빌(Big Bill)' 이라는 별명을 가지고 있었다. 그것은 그가 잘 생긴 데다가 그 고장 리치포드에서 가장 옷을 잘 입는다고 해서 붙여진 별명이었다. 그는 푸른 눈동자에 어깨가 떡 벌어진 건장한 체격에, 유머 감각이 뛰어난 재주꾼이었다.

윌리엄은 농사를 짓고 있었지만, 농사일은 재껴두고, 전국을 돌아다니며 소금, 목재, 모피, 말 따위를 파는 일에 더 재미를 느끼고 있었다. 그는 두루두루 아는 것이 많아서 아픈 사람들을 치료해 주고 약을 팔기도 했다. 이 때문에 사람들은 그를 '닥터'라고 부르곤 했다.

26세가 되던 해, 윌리엄은 리치포드에서 북쪽으로 50킬로미터에 위치한 모라비아의 부유한 농장주인 존 데이비슨의 집을 방문했다. 그는 말하기가 귀찮아서 벙어리 행세를 하며 판자에 '나는 귀머거리이고 벙어리입니다'라고 글씨를 써서 다니며 물건을 팔고 있었다.

그때 윌리엄은 존 데이비슨의 막내딸 엘리자의 아름다운 자태를 보고 흠뻑 반했다. 그녀는 붉은 머리와 그에 어울리는 푸른빛 눈, 날씬한 허리에 매력적인 말재주가 있었다. 호감을 느낀 윌리엄은 그녀를 유혹하기로 작정했다.

항상 화려한 옷차림을 하고 다니며 수려한 외모를 자랑하는 윌리엄은 이번에는 낭만적인 방랑자의 역할을 완벽하게 연출했다. 농장 생활만 하던 순박한 시골 처녀 엘리자는 온화한 얼굴에 잘 웃고, 잘 웃기는 사람인 윌리엄에게 달콤한 몽상이 섞인 친근감을 느꼈고, 그래서 별생각 없이 이런 농담을 던졌다.

"당신이 벙어리가 아니라면 결혼하겠어요."

그러자 윌리엄은 신바람 나서 이 말을 온 동네에 퍼트리고 다녔다.

엄격한 침례교인이었던 엘리자의 아버지 존 데이비슨은 펄쩍 뛰었지만, 두 사람은 아버지의 허락도 없이 엘리자의 친구 집에서 결혼식을 올렸다. 윌리엄은 벙어리가 아니었고, 엘리자는 자신이 한 약속을 지켜야 했다. 빌의 나이 스물일곱, 엘리자의 나이 스물넷이었다.

1839년 7월 8일, 두 사람은 첫딸을 낳은 지 17개월 만에 사내아이를 낳았다. 아이는 외할아버지 존 데이비슨의 이름을 따서 '존 데이비슨'이라고 불렸다. 그가 훗날 세계 최고의 부자가 된 '존 데이비슨 록펠러'다.

록펠러가 태어난 시절은 미국이 무서운 속도로 자본주의의 모험적 드라마를 펼치며 초강대국의 기반을 다지기 시작하던 무렵이었다. 그는 격동기에 '골드러시'와 '남북전쟁'을 겪으면서 성장했다.

존의 아버지는 자유분방한 성격인 데 반해, 신앙심이 무척 깊었던 어머니는 어린 존에게 많은 것을 가르쳐 주었다. 어머니는 엄격한 '청교도 신앙' 을 지닌 탓에 도덕적이고 경건하고 엄격했으며 때로는 가혹하기까지 했다. 하지만 어머니는 화가 났을 때도 행동에 절도가 있었고 원칙에 어긋나는 행동을 하는 법이 없었다.

집에서 농사를 짓는 탓에 존은 어려서부터 잡초를 뽑거나, 소젖을 짜는 일을 거들어야 했다. 어머니는 아침 일찍 자고 있는 아들을 깨우며 말했다.

"그만 자고 얼른 일어나거라. 열심히 일하지 많으면 너는 커서 가난한 사람이 될 거야."

록펠러는 이런 어머니의 강한 의지, 근면, 근검절약 정신을 이어받았다. 어머니는 항상 어린 존에게 이런 가르침을 주었다.

"무절제한 낭비는 비참한 가난을 부른단다."

이 말은 평생 아들의 마음속에 새겨져서 검약과 신용의 중요성을 심어 주는 교훈이 되었고, 사업가로 성장하는 데 커다란 힘이 되었다.

어머니는 대단히 명석해서 아이들에게 쉽게 속는 타입이 아니었다. 한 번은 어머니가 감기로 앓아누워 있을 때, 존은 자신이 해야 할 일을 내팽개쳐두고 농땡이를 쳤다. 어머니는 그 사실을 바로 알아차리고 말했다.

"존, 강가에 가서 버드나무 가지를 꺾어 오거라."

어머니가 회초리를 치려는 것이었다. 존은 버드나무 가지를 꺾어오다가 잔꾀를 내었다. 그는 두세 대만 때려도 쉽게 부러지도록 버드나무 가지에 칼로 군데군데 흠집을 낸 것이다. 어머니는 속지 않았고 아들에게 엄하게 일렀다.

"이번엔 제대로 된 회초리를 가져 오거라. 잔꾀 부리지 말고."

어머니의 엄격함을 단적으로 드러내는 다른 일화를 보자.

한겨울, 마을 근처에 있는 강이 얼어붙으면 마을 아이들이 스케이트를 타곤 했는데 어머니는 위험하다면서 아이들에게 스케이트를 타지 못하게 했다. 하지만 아이들은 하지 말라고 하면 좀이 쑤셔서 더 참지 못한다.

휘영청 달 밝은 밤이었다. 존은 유혹을 이기지 못하고 동생 윌리엄과 함께 몰래 스케이트를 타러 강으로 갔다. 신나게 얼음을 지치고 있는데 어디선가 비명 소리가 들렸다.

"사람 살려!"

한 아이가 얼음이 깨지는 바람에 물에 빠져 필사적으로 외치는 소리였다. 마침 달빛이 환한 탓에 강변에 버려져 있는 기다란 장대가 보였다. 형제는 재빨리 장대를 내밀어 물에 빠져 발버둥 치는 아이를 끌어올려 구조에 성공했다. 그 소문은 어머니의 귀에도 들어갔다.

"너희들 참 용기 있는 일을 했구나. 하지만 엄마 말을 안 듣고 스케이트를 타러 간 일은 용서할 수 없다."

형제는 벌을 받지 않고 넘어갈 줄 알았지만 결국 어머니한테 회초리를 맞아야 했다. 요즘 사람들이 볼 때 그녀의 가정교육 방침은 지나치게 엄격하고 냉정한 것이었다고 할지 모르지만, 아이들은(윌리엄 에이버리 록펠러 부부는 3남 3녀의 아이를 두었다) 항상 바쁘게 일을 하면서도 어머니가 시키는 것을 잘 따랐고, 모두 어머니를 사랑했다. 어머니 역시 아이들을 사랑했다.

아버지

한편, 존의 아버지는 현실적인 면에서 아들을 가르쳤다.

존이 막 걸음마를 떼기 시작했을 때 일이다. 아버지는 손을 뻗어 아들을 잡아 주는 척하다가 손을 놓아 버려서 존은 그만 바닥에 넘어지고 말았다. 아버지는 아이를 일으켜 세워주며 이렇게 말했다.

"아무도 믿지 마라. 심지어 아버지인 나도 믿어서는 안 될 때가 있단다. 알겠니?"

아버지는 어린 존이 걸음마를 시작하자 번잡한 도회지로 데리고 나가서 가죽 신발을 사 주면서 일찍부터 넓은 세상이 있다는 것을 보여 주었다. 당시 아버지가 존을 데리고 간 곳은 산업화의 중심 도시로 막 떠오르던 뉴욕주 남서부에 위치한 신흥도시 '시러큐스'였다.

그 후에도 아버지는 존을 데리고 그 도시의 장터를 누비고 다니면서 많은 것을 보여 주었다. 그래서 록펠러는 시골 마을과 같던 미국이 가장 현대적인 국가로 변모하는 모습을 어려서부터 자세히 보게 되었다.

아버지는 장터에서 물건을 흥정하면서 어떤 거래를 하든지 더 좋은 것을 얻어내야 한다는 것을 이렇게 생생히 가르쳤다.

"작은 사발을 큰 접시로 바꿀 줄 알아야 해."

심지어 아버지는 사람들에게 이런 말을 하기도 했다.

"난 기회가 있을 때마다 내 아들들도 곧잘 속이지. 난 아이들이 영악해졌으면 좋겠어."

물론 아버지는 그런 것만을 가르친 것은 아니었다. 운동을 좋아했던 아버지는 존을 비롯한 세 아들에게 승마, 사격, 수영을 가르쳤고 때로는 아이들을 데리고 호수에 나가서 물고기 잡는 법도 가르쳐 주었다.

한 번은 이런 일도 있었다. 아버지는 아이들을 데리고 호수에서 낚시를 하다가 둘째 아들 윌리엄이 덥다고 투덜거리자 이렇게 말했다.

"그럼 아빠가 시원하게 해 줄게. 열을 좀 식히도록 하거라!"

그러고는 윌리엄의 허리춤을 잡더니 물속에 거꾸로 처박아버렸다. 윌리엄은 수영을 못하는 뚱보라서 허우적거리다가 바닥까지 그대로 가라앉았다. 아버지는 그제서야 물속으로 뛰어들어 아들을 구해냈고 그다음에는 수영하는 법을 가르쳐주었다. 그래서 존은 아버지는 언제나 자식들에게 책임을 다하고 자신을 돌볼 줄 알아야 한다는 것을 가르쳤다는 생각을 하게 되었다.

아버지는 장남에게 사업과 관련된 훈련을 시키기 시작했다. 그는 예닐곱 살밖에 안 된 아들에게 장작을 사오게 했다. 록펠러는 그 일에 대해 이렇게 말했다.

"나는 속이 실한 너도밤나무와 단풍나무 장작 고르는 법을 알고 있었습니다. 아버지는 속이 단단하고 곧은 것만 고르고 삭정이나 썩은 나무는 들고 오지 말라고 말씀하셨지요."

존이 아버지에게 받은 가르침 중에 가장 중요한 것은 꼼꼼하게 셈하는 습관이었다.

아버지는 아들들에게 술과 담배를 금지시켰다. 원래 록펠러 가의 사람들은 개척민답게 거칠고 대체적으로 사람들과 어울리기를 즐기고 술 마시고 노는 것을 좋아했는데, 존의 할아버지는 워낙 술을 좋아해서 무능력한 알코올중독자가 되었다. 그래서 할머니는 평생 술이라면 치를 떨었으며, 아버지도 귀에 못이 박이도록 할머니의 잔소리를 듣고 자랐다. 아버지는 놀기 좋아하고 방랑객으로 떠돌았지만, 절대로 술을 마시지는 않았다. 큰아들인 존 록펠러는 아버지 말씀을 따라 술과 담배를 멀리했지만, 둘째와 셋째 아들은 이를 지키지 않았다.

록펠러 가족은 척박한 땅인 리치포드를 떠나 모라비아로 이사를 했다. 그들 가족이 이사한 곳은 외할아버지의 농장과 5킬로미터 정도 떨어진 곳이었다. 그들이 이사를 한 이유는 어머니가 보다 안정적인 생활을 원했고, 아이들이 자라는 데도 환경이 모라비아가 좋다는 판단 때문이었다.

아버지는 아이들의 교육을 위해서 마을 사람들을 설득해서 기금을 모아 학교를 건립하는 일에 앞장서기도 했다. 또한 마차를 몰아 바퀴의 회전수로 거리를 측정해 정확히 마을 한가운데에 학교를 세우도록 기지를 발휘하기도 했다. 교실이 하나뿐인 학교였지만, 어린 존은 석판(石版, 석필로 글씨도 쓰고 그림도 그릴 수 있도록 석판석을 얇게 깎아 만든 판)을 무슨 보물이나 되는 듯 가슴에 꼭 안고 수업을 받으러 다녔다.

아버지는 지역 금주위원회 의장을 맡았기도 했고, 또 오와스코 호수에 강꼬치고기를 방류하는 일에 앞장서기도 했다. 훗날 록펠러는 아버지에 대해서 자랑스럽게 말했다.

"그것이 아버지의 진정한 모습이었습니다. 주변에서 말로만 떠들 때 그분은 직접 나서서 모든 일을 실천에 옮기셨지요."

가끔 학교에서 예배를 드렸는데, 아버지는 거의 참석하지 않았지만, 어머니는 항상 아이들을 데리고 예배에 참석했다. 아버지는 신앙생활과 좀 거리가 먼 사람이었지만, 찬송가를 여러 곡 외우고 있었고 아이들이 교회에 가는 것을 무척 좋아했다. 아버지는 맏아들인 존에

게 처음부터 끝까지 성경책을 통독하면 5달러를 주겠다고 했고, 존이
다 읽고 나자 약속대로 돈을 주었다.

아버지는 농사일이 바쁘지 않을 때는 여러 가지 물건을 마차에 싣
고 여러 마을을 돌아다니며 팔고 다녔다. 몇 날 며칠 만에 집에 돌아
온 아버지는 마차에서 뛰어내리며 달려오는 아이들을 하나씩 안아 올
려 뺨에 키스하면서 손에 금화를 쥐어 주곤 했다.

그런 날 저녁이면 그들 가족은 진수성찬으로 차려진 음식을 먹으
며 아버지가 서부 개척자들이나 인디언들 사이에서 겪은 무용담에 흠
뻑 취했다. 아버지는 자신이 겪은 일들을 놀랍고도 매혹적인 이야기
로 엮어내는 재주가 있었다. 아이들은 물론 어머니도 이야기에 빠져
서 아버지와 함께 여행하고 있는 것처럼 시간 가는 줄 몰랐다. 이야기
가 끝나면 아버지는 갈대로 만든 작은 오르간인 멜로디언이나 바이
올린을 연주하며 아이들과 함께 노래를 부르곤 했다.

그런 아버지는 존이 철이 들어서 세상을 좀 더 성숙한 눈으로 바라
보게 되기 전까지는 정말 멋진 아버지였다. 사실 동네 사람들도 아버
지를 좋아했고, 동네 아이들은 '빌리 아저씨'라고 부르며 잘 따랐다.
그가 멋진 옷차림으로 멋진 말을 타고 지나갈 때면 사람들은 호기심
어린 눈길을 보냈다. 그는 뒤로 훌쩍 뛰어올라 담장을 넘을 수 있을
정도로 날렵했고. 날고 있는 작은 새도 쏘아 떨어뜨릴 정도의 뛰어난
사격 솜씨로 사격대회에서 상품을 타기도 했으며, 동시에 대여섯 가
지의 목소리를 낼 수 있을 만큼 성대모사도 잘하는 다재다능한 사람
이었다.

아버지는 통이 크고 씀씀이도 커서 모르는 사람들은 그를 '지역에

서 가장 유력한 인사'라고까지 생각할 정도로 유명세를 타기도 했다. 하지만 아버지는 젊은 시절부터 관습과 도덕을 거부하고 자유로운 방랑자의 삶을 살던 사람이었다. 시간이 흐르면서 그는 한겨울에 아무에게도 알리지 않고 어디론가 사라져 오랫동안 나타나지 않기 일쑤였다.

좋은 열매를 얻으려거든 좋은 나무를 길러라. 나무가 나쁘면 열매도 나쁘다. 열매를 보아 나무를 알 수 있다

〈마태복음 12장 33절〉

2. 어머니의 가르침

내가 성공을 했다면 오직 천사와 같은 어머니 덕이다.
-링컨

2센트의 헌금

록펠러가 여섯 살이 되던 해에 있었던 일이다.

어느 날 어머니가 어린 아들에게 말했다.

"존, 너도 이제 여섯 살이 되었어. 오늘부터는 너 혼자서 교회에 다니도록 해라."

그러면서 어머니는 존의 손에 난생처음으로 20센트의 용돈을 쥐어 주었다. 존은 그 돈을 받아들고 기뻐하면서 호주머니에 넣었다.

그러자 어머니는 엄숙한 얼굴로 말했다.

"존, 그 돈을 꺼내 보렴."

존은 어리둥절한 표정으로, 어머니가 시키는 대로 돈을 호주머니에서 꺼내 들었다. 그러자 어머니가 아들의 손을 잡고 말을 이었다.

"20센트는 분명히 엄마가 너에게 준 거야. 하지만 너는 이 돈을 함부로 다 써서는 안 된다. 이 안에는 네가 하나님에게 바쳐야 할 몫이 있거든. 20센트 중 십분의 일인 2센트는 하나님의 몫이란다."

어머니는 2센트를 따로 떼어내 헌금 봉투에 담아 주었다. 그러면서 어머니는 그것이 '십일조'라고 하는 것이고, 앞으로 돈이 생기면 가장 먼저 하나님께 드릴 십일조를 반드시 따로 떼어 두어야 한다는 것을 가르쳐 주었다.

"오늘 교회에 가면 제일 먼저 2센트의 십일조를 드리거라."

그날 존은 교회에 가서 십일조를 드리고 예배를 드렸다. 찬송을 부르고 목사님의 설교를 듣는 동안 그의 어린 가슴에 왠지 모르게 기쁜 마음이 솟아올랐다.

그 후 존은 교회에 나가는 것과 십일조를 드리는 것을 가장 큰 기쁨 중의 하나로 여겼다. 존은 어릴 때부터 〈잠언 22장 29절〉의 "네가 자기 사업에 근실한 사람을 보았느냐. 이러한 사람은 왕의 앞에 설 것이요"라는 구절을 특히 좋아했다.

당시에는 많은 신학자들이 칼뱅주의(프로테스탄트교의 종교개혁자 칼뱅으로부터 비롯된 사상으로 개신교의 주류를 이루었다) 교리를 따라 "부는 신의 은총의 징표이며, 가난은 신의 미움의 장난"이라는 가르침을 견지했다.

유명한 설교자 헨리 워드 비처는 설교를 통해 "가장 영적인 것을 구할 수 있는 곳에서 가장 세속적인 성공 또한 구할 수 있다는 명제는 일반적으로 옳다"고 선언하기도 했다. 말하자면 존은 어려서부터 하나님께서 그의 어린 양들이 돈을 벌어 항상 좋은 일에 쓰기를 원하신다고 배운 것이다.

두 개의 주머니

어린 시절 존은 집안일 외에도 이웃집 농부의 감자를 캐는 일도 거들었다. 그것은 어머니가 아들에게 자립정신을 가르치기 위해서 일부러 고된 일을 시킨 것이다. 며칠 동안 감자를 캔 존은 생전 처음 일을 해서 돈을 벌게 되었다.

"존, 정말 수고했다. 어린 것이 신통하기도 하지."

이웃집 농부는 1달러 50센트의 돈을 존에게 주었다.

"고맙습니다."

존은 농부에게 인사를 하고 신이 나서 집으로 달려왔다. 그는 자신이 처음으로 번 돈을 어머니에게 드리면서 자랑스러워했다. 어머니는 존에게 미리 준비한 듯한 두 개의 주머니를 내밀며 말했다.

"이 작은 주머니에는 네가 번 돈 중에 십분의 일을 넣었다가 하나님께 드려라. 그리고 나머지 돈은 이 큰 주머니에 넣어두었다가 쓰도록 해라. 알겠지?"

"네, 어머니."

존은 두 개의 주머니에 돈을 나누어 넣었다.

그리하여 록펠러는 학교에도 들어가기 전부터 98세로 세상을 떠날 때까지 한 번도 빠짐 없이 십일조를 철저하게 챙겨서 하나님에게 바치는 습관을 갖게 되었다.

그는 일기를 쓰듯 평생 철저하게 회계장부를 썼고, '수입의 십분의일 헌금'이란 원칙을 지켰다. 그는 세계 최고의 부자가 된 후에는 십일조를 계산하기 위해 별도의 십일조 전담 부서에 40명의 직원들을 두었을 정도였다. 록펠러는 이렇게 말했다.

"일찍부터 나는 일하고 저축하도록 교육받았습니다. 항상 정당한 방법으로 최대한 벌어서 베풀 수 있는 만큼 최대한 베푸는 것이 신앙인의 의무라고 생각합니다. 어렸을 때 목사님이 그렇게 말씀하셨지요."

아버지가 방랑자처럼 자주 집을 떠나 있는 바람에 어머니는 60에이커나 되는 농장을 아이들과 함께 돌보지 않을 수 없었다. 누나 루시가 있기는 했지만, 어머니는 장남인 존에게 많은 것을 의지했다. 존은 새벽에 일어나서 젖을 짜고, 우물물을 긷고, 밭을 일구고 학교에 가야 했다. 학교에서 돌아와서는 장작을 패고, 장을 보는 등 잡다한 일도 해야 했다. 나중에 록펠러는 이렇게 말했다.

"나는 열 살이나 열한 살 때, 할 수 있는 모든 일을 배웠습니다."

힘든 일을 하면서도 존은 불평불만을 토로하거나 투정 부리는 일이 없었다. 그러한 성격은 어머니로부터 물려받은 것이었다. 그는 어머니로부터 절약 정신, 질서 의식, 검소함 외에도 과묵함을 통해서 권위를 드러내는 덕목을 물려받은 것이다.

어린 시절 어머니의 가르침이 록펠러의 일생에 약속의 말씀이자, 가장 큰 유산이 된 것이다.

이삭이 그 땅에서 씨를 뿌려 같은 해에 일백 배나 수확을 얻었으니 주께서 그에게 복을 주심이라. 그 사람이 창대하고 번성하여 매우 부유하게 되었으니

〈창세기 26장 12~13절〉

3. 돈의 이치를 아는 아이

우리는 자주 아이들은 돈의 가치를 모른다고 말하곤 한다.
그러나 그 말이 전적으로 옳은 것은 아니다.
아이들은 '부모의' 돈의 가치는 몰라도
'자기네들의' 돈의 가치는 잘 알고 있다.

– 주디 마키

칠면조 키우기

록펠러가 일곱 살 때의 일이다.

어느 날 농장 덤불 사이로 칠면조 암컷이 드나드는 것이 눈에 띄었다. 칠면조는 시냇가를 지나서 숲 속 둥지로 조심스럽게 돌아가고 있었다. 존은 살금살금 칠면조를 뒤쫓았으나 이를 눈치챈 칠면조는 순식간에 덤불 속으로 사라져 버렸다. 다음 날 존은 다시 그 자리로 가서 칠면조를 찾았다. 하지만 칠면조는 전날처럼 존을 따돌렸다.

존은 실망하지 않고 끈질기게 몇 번이나 시도한 끝에 칠면조를 추적하여 드디어 둥지를 찾아냈다. 그는 칠면조를 붙잡고 알도 찾아서 헛간으로 가져오는 데 성공했다. 어머니는 존에게 칠면조를 길러서 팔아보라고 권했다. 늘 근검절약을 강조하던 어머니는 아들에게 자립정신을 가르치기 시작했고, 록펠러의 첫 번째 돈벌이 사업이 그렇게 시작되었다.

야생 칠면조는 헛간에서 알을 품었고, 얼마 후 예쁜 칠면조 새끼들이 알을 깨고 나왔다. 존은 정성을 다해 칠면조 새끼들을 돌보았다. 그는 먹다 남은 빵 조각, 굳은 우유를 모이로 주거나 들판에서 메뚜기 따위의 곤충을 잡아다 먹이면서 지극 정성으로 칠면조 새끼들을 길러냈다.

가을이 되어 새끼들이 다 자라자 존은 칠면조를 시장에 내다 팔았다. 그렇게 돈을 번 존은 다음 해가 되자 칠면조 암컷을 몇 마리 사다가 더 많은 알을 부화시켜 많은 돈을 벌었다.

존은 어머니가 거실의 궤짝 위에 놓아 둔 푸른 사발에 동전을 모았는데, 3년 동안 칠면조를 길러서 모은 돈이 50달러나 되었다. 어머니는 그 돈을 이웃집 농부에게 7% 이자를 받고 빌려주게 했다. 1년 뒤 존은 원금과 함께 3달러 50센트의 이자를 받았다.

어린 존은 거기서 큰 감동을 받았다. 3달러 50센트면 그가 하루 10시간씩 열흘 동안 감자를 캐야 벌 수 있는 액수였다. 그때 존은 돈이 어떻게 이익을 창출하는지를 깨닫게 되었다. 훗날 노인이 된 록펠러는 자서전에서 이런 말을 남겼다.

"그때부터 나는 돈을 위해 일할 게 아니라, 돈이 나를 위해 일하도록 해야겠다는 결심을 했다. 진정으로 부유해지고 싶다면 소유하고 있는 돈이 돈을 벌어다 줄 수 있도록 하라. 개인적으로 일해서 벌어들일 수 있는 돈은 돈이 벌어다 주는 돈에 비하면 지극히 적다."

결심

록펠러는 어려서부터 타고난 사업 감각이 있었다. 칠면조 키우기와 농부에게 빌려준 돈으로 재미를 본 존은 차츰 돈벌이에 비상한 재주를 보이기 시작했다. 이 소년 사업가는 상한 콩을 무더기로 싸게 사다가 그중에 상한 콩만 골라내고 나머지 싱싱한 콩을 더 비싸게 팔아치우는 재주를 발휘하기도 했다.

존이 소년기에 접어들 무렵부터 아버지는 방랑벽 때문에 집을 비우는 날이 잦았다. 아버지의 방랑이 계속되자 록펠러 가족은 이곳저곳으로 이사를 다녀야 했다. 그들은 농장을 팔고 뉴욕주 북쪽의 오웨고로 이사했다. 오웨고는 인구 7000명 정도의 작은 읍이지만, 넓고 아름다운 서스쿼해나 강이 굽이쳐 흐르는 풍광이 멋진 곳이었다.

오웨고는 여러 개의 작은 마을이 합쳐져서 이루어진 마을로 록펠러 가족이 지금까지 살았던 어느 곳보다도 다양한 출신지에서 모인 주민들이 살고 있었고, 아담하고 세련된 집들이 늘어서 있는 고상한 삶의 정취를 느끼게 해주는 곳이었다. 그곳에는 많은 장서를 소장한 도서관이 있었고, 꽤 명성을 날리는 학교도 있었으며, 시골 마을치고는 어울리지 않게 작가나 예술가도 많았다.

1852년 8월부터 존은 동생 윌리엄과 함께 이곳에서 '오웨고 아카데미'를 다니기 시작했다. 그 학교는 근방에서 가장 이름을 날리는 명문 중학교였다. 울창한 숲에 둘러싸여 있는 3층 벽돌 건물의 높은 지붕과 뾰족한 첨탑을 보는 순간 존은 자신이 진짜 촌놈이란 것을 처음 깨달았다. 알고 보니 학생 350명 중 대부분은 도시의 부유한 집안 출신이었다.

존과 윌리엄은 5킬로미터가 넘는 길을 걸어서 학교로 갔으나 대다수의 부잣집 아이들은 학교 기숙사에서 생활했다. 이따금 지나가는 마차를 얻어 타기도 했지만, 먼지투성이 길을 맨발로 걸어올 때도 많았다.

존은 뛰어난 성적을 올리지는 못했지만, '오웨고 아카데미'에서 훌륭한 언어 구사 능력을 연마할 수 있었다. 그것은 이 학교 교장인 윌리엄 스마이드 박사의 교육방침 때문이었다. 그는 학생들에게 격주로 에세이를 쓰게 하고 주어진 주제를 발표하게 했다. 훗날 기업을 경영하면서 존이 작성한 간명한 업무용 서신을 보면, 오웨고에서 갈고 닦은 그의 언어 능력을 알 수 있다.

존은 조용하고 두각을 나타내지 못 하는 학생이었지만, 과학 시간을 아주 좋아했다. 그는 당시 새로 발명된 발전기, 전신기 따위에 관심이 많았다. 그는 수학에 재능을 보였고, 암산 실력은 대단히 뛰어났다. 훗날 사업가가 된 록펠러는 100만 달러짜리 파이프라인을 설치하는 계약을 할 때, 이때 터득한 암산 실력을 발휘하여 상담하는 30분 사이에 3만 달러를 절약할 방법을 생각해 내 주위 사람들을 놀라게 했다.

록펠러 가족은 오웨고에서 3년 동안 살았다. 그리 오래 산 것은 아니지만, 존에게 있어 오웨고는 의미 있는 곳이었다. 그는 언젠가 오웨고에 대해 이렇게 말했다.

"오웨고는 정말 아름다운 곳이었습니다. 좋은 이웃과 친절한 친구들, 교양 있고 세련된 사람들이 사는 그런 아름다운 곳에서 살았다는 건 참으로 행운이었지요."

그런데 아버지의 방랑벽은 점점 심해졌다. 아버지의 소득이 일정치 않아 식구들은 돈을 아껴 써야 했다. 아버지는 이따금 집에 오기는 했지만 거의 빈손으로 돌아오는 날이 많았고, 그나마도 점점 뜸해져 갔다. 자신의 재주를 지나치게 믿고 골드러시를 좇아 서부로 간 아버지에게서 무일푼이 되어 오도 가도 못한다는 소식이 날아들었다.

가족의 생활은 날이 갈수록 힘겨워져 갔고, 맏아들인 존이 자연스레 아버지의 자리를 대신해 갔다. 그는 학교를 다니면서 집안 살림을 돕기 위해 최선을 다했다. 그러다 보니 존은 집에서 만든 초라한 옷을 입고 학교를 다녀야 했는데, 그는 그것이 무척 부끄러웠다. 그래서 그는 전체 학급 사진을 찍을 때에도 일부러 사진을 찍지 않았다.

그런 일이 있은 후, 그는 좋은 옷을 사 입을 수 있을 만큼 돈을 많이 벌어야겠다고 마음먹었다. 어린 시절 아버지를 따라 도회지로 나가서 세상 물정을 익힐 때의 기억을 떠올리면서 미래의 꿈을 그렸다.

하루는 한 친구가 존에게 물었다.

"존, 너는 장차 뭐가 되고 싶니?"

소년 록펠러는 주저 없이 대답했다.

"나는 10만 달러 정도의 많은 돈을 버는 사람이 되고 싶어. 언젠가 난 꼭 그렇게 될 거야."

그때부터 그에게는 10만 달러를 벌고야 말겠다는 꿈이 생겨났다.

도가니는 은을 풀무는 금을 연단하거니와 여호와는 마음을 연단하시느니라

〈잠언 17장 3절〉

4. 아버지의 방황

신앙은 어머니의 마음을 갖는다.
과학은 우리들이 갈망하는 것에 대해서 냉담하지만,
신앙은 그것을 가련하게 여겨 우리들을 격려한다.
-H. 아미엘의 일기 중에서

아버지의 방황

활달한 성격에 낙천주의자였던 아버지 빌은 너무 재주가 많아서 탈이었다. 그는 인디언처럼 말을 잘 탔고, 명사수였으며, 자신을 배우처럼 극적으로 보이게 꾸미는 소질도 있었다. 그는 자신이 쓴 각본을 다른 사람들에게 들려주는 것을 즐기면서, 그 이야기가 더욱더 부풀려 가는 것을 보고 즐거워했다.

아버지가 약장사를 할 때 그의 재주는 가장 빛을 발했다. 할머니 루시에게서 천연 약재를 이용한 약초 치료법을 전수받은 게 약장사를 시작하게 된 계기가 되었다. 그는 인명부에 '약초 전문가'로 이름을 올려놓고, 집에서 만든 자칭 '만병통치약'이나 약제사에게 구입한 '특허약'을 팔고 다녔는데, 약초의 효력을 왜곡하거나 과장하기 일쑤였다. 말하자면 돌팔이 특유의 기질이 농후했다.

이렇듯 방랑 생활을 즐기면서 '닥터 레빙스턴'이라고 의사 행세를 하면서 주로 시골 마을을 돌아다니며 치료도 하고 약도 팔았다. 그는 의약에 대해 대학 교육을 받지는 않았지만, 치료에 천부적인 재능을 갖고 있었고 솜씨 또한 뛰어났다. 같은 동료들의 증언에 의하면 한때는 캐나다와 뉴욕주 북부에서 대단한 명성을 날렸다고 한다. 환자들은 물론 자기 자신도 속아 넘어갈 정도로 놀라운 성공을 여러 차례 거두었다는 것이다. 빅 빌은 자신이 묵는 호텔 로비에 다음과 같은 간판을 걸어 놓거나 팸플릿을 돌렸다.

"저명한 암 전문의 닥터 윌리엄 A. 록펠러 여기 오다."

"기회는 오늘 하루!"

"말기 암이 아니면 어떤 종류의 암도 치료해 드립니다."

그는 찾아오는 환자들을 진맥해 주고 자신이 만든 만병통치약을 무려 25달러에 팔았다. 그 금액은 당시 근로자의 두 달 치 임금에 해당하는 액수였다. 물론 돈이 없는 사람들에게는 좀 더 싼 약을 팔기도 했다. 하지만 그것은 통신이나 운송이 발달하기 이전의 일이었다. 미국 전체가 산업화의 길로 들어서면서 시장이 확장되자 돌팔이 행상이 발붙일 곳은 점점 사라져 갔다.

1850년대 초, 눈썰미가 좋고 수완이 뛰어났던 빅 빌은 사업 전환을 하기도 했는데, 캐나다에서 질 좋은 호두나무와 물푸레나무를 사다가 상당한 이윤을 남기고 제재소에 팔아서 재미를 보았다.

그 무렵 미국은 '골드러시'라는 전대미문의 광풍이 불어 닥치고 있었다. 멕시코와의 전쟁에서 승리를 거둔 미국은 1848년 초, 텍사스, 뉴멕시코, 캘리포니아 북부 등 광활한 지역을 편입시킴으로서 모험과 무한한 가능성으로 충만한 땅이 되었다.

그해 샌프란시스코에 사는 존 서터라는 사람의 제재소에서 엄청난 금맥이 발견되면서 '골드러시' 광풍이 시작되었다. 수십만 명에 달하는 사람들이 금광을 찾아 서쪽으로 몰려들었다. 어떤 사람들은 배를 타고 남아메리카 해안을 따라 올라오거나 파나마 지협을 건넜고, 또 다른 사람들은 미친 듯이 걸어서 필사적으로 캘리포니아로 몰려들었다. 미국문학의 아버지라 불리는 마크 트웨인은 캘리포니아의 골드러시를 돈에 대한 새로운 숭배 풍조를 정당화하고, 미국의 건국이념을 타락하게 만든 중요한 분기점으로 지적하기도 했다.

새로운 사업을 찾아다니던 빅 빌이 그 기회를 놓칠 리 없었다. 그는 '골드러시'라는 서부 개척 바람을 따라 일확천금을 꿈꾸며 서부로 달려갔다. 그 후 아버지는 더욱더 집을 찾지 않았고, 이따금 편지가 날아오거나 이상한 풍문만 들려왔다.

아마도 어머니 엘리자가 열렬한 신앙심과 강한 자존심으로 무장하고 있지 않았다면, 그 많은 아이들을 데리고 살아나가기 힘들었을 것이다. 어머니에게 큰 힘이 되어 준 것은 나이에 비해 조숙하고 현명하고 믿음직한 존이었다. 존은 아버지가 안 계신 집에서 가장 노릇을 대신하며 가족의 생계에 중요한 역할을 담당했다. 그는 형제간에도 맏이라기보다는 늠름하게 아버지 역할을 대신했다. 그래서 존은 애어른이라는 소리를 듣기도 했다.

존은 어려운 가운데에서도 어른 못지않은 책임감을 갖고 현실을 직시하고 과감히 헤쳐나갔다. 존이 그러한 성격을 지니게 된 데는 두말할 나위 없이 아버지와 어머니에게서 받은 각기 다른 영향이 컸다. 아버지는 일찌감치 자립심을 심어주기 위해서 존에게 은행 계좌를 만들어 주었는데, 그것은 그의 인생에서 아주 중대한 의미를 갖는다.

존이 친구들에 비해 훨씬 일찍 경제에 눈을 뜨고 더 합리적이고 자립생활을 하는 계기를 만들어 주었다. 그 덕에 존은 더욱 어른스러운 행동을 하게 되었고, 남다른 자신감을 키울 수 있었다. 그는 아버지의 방랑이 쉽게 끝날 것이 아니라는 것을 감지했으며, 자신에게 주어진 책임을 떠맡을 준비가 되어 있었다. 그 때문에 매우 진지하고 성실한 태도를 견지할 수 있었다.

당연히 어머니는 장남을 신뢰하고 더욱 의지하게 되었다. 남동생인 윌리엄과 프랭크는 몹시 장난기가 많은 천방지축이었으나 존은 매사에 침착하고 완고하기까지 했으며 반항적인 기질은 전혀 찾아볼 수 없었다. 어머니는 존에게 남다른 자질이 있다는 것을 알아보았다.

한편 1853년 초, 록펠러 가족은 또다시 정착지를 옮겨야 했다.

신흥도시 클리블랜드

열네 살이 되던 해, 록펠러 가족은 클리블랜드로 이사를 했다.

당시 클리블랜드는 새로운 철도선이 생기면서 도시 전체가 활기를 띠고 있었다. 또한 오하이오와 이리 호(湖) 운하의 정상에 자리 잡은 곳으로, 멕시코 만과 오대호가 연결되는 항구도시와 같은 곳으로서 교역에서 아주 중요한 지역이었다. 부두에는 늘 사람들이 북적거리고, 돛을 올린 배들이 승객과 화물을 싣고 오갔다.

록펠러는 클리블랜드에서 새로 개교한 센트럴 공립고등학교에 입학했다. 그 학교는 신흥도시에 새로 개교한 학교답게 현대적 시설에 자유분방한 분위기였다. 이 학교는 진보적 이론에 기반을 두고 자유

교육이라는 방침 아래 운영되고 있어서 평판이 아주 좋았다.

록펠러는 학구파는 아니었지만, 사물을 진지하게 바라보고 자신의 생각을 명확하게 표현할 줄 알았다. 그의 글쓰기와 말하는 실력은 상당히 우수했다. 그가 우연한 기회에 '슬플 때도 미소를' 이라고 자신을 표현한 일로 인해서 그것이 그의 별명이자 트레이드마크가 되었다. 사실 엄숙하고 우울해 보이는 인상을 가진 록펠러는 소리 내어 웃는 경우가 드물었고, 이따금 무슨 생각을 하는지 의미심장한 미소를 짓곤 해서 트레이드마크에 걸맞은 인상을 풍겼다.

그래서 같은 반 친구들은 록펠러를 이렇게 표현했다.

"록펠러는 웃을 때도 심각하게 웃었지요."

그런 인상 때문에 록펠러의 별명은 '집사님' 이기도 했다.

그는 별명처럼 교회를 충실하게 다녔다. 당시 그는 이리 스트리트 침례교회를 다니고 있었는데, 고등부 활동을 아주 열심히 했다. 주일에 두 번씩 드리는 예배에 빠지지 않았을 뿐만 아니라 주중에도 늘 교회에 나가서 유리창을 닦거나, 마룻바닥을 청소하거나, 등불을 점검하는 등 봉사 활동을 많이 했다. 그리고 교회에서 주최하는 기도 모임이나 친교 모임, 소풍도 빠지지 않고 참석했다.

록펠러는 열다섯 살이 되자 세례를 받았고, 그 후부터 성경공부반을 맡아 어린이들을 가르쳤다. 그는 주일 성경학교에서 아이들을 이렇게 가르쳤다.

"아주 온화해져야 해요. 우리 이웃들에게 매정해서는 안 돼요."

또한 성가대에도 참가해서 노래를 했는데 훗날 록펠러는 자신이 그 무렵 하루에 6시간씩 성악과 피아노를 배웠다고 말했다. 사실 록펠러에게 있어서 가장 놀라운 모습은 그가 음악에 심취했다는 것이다. 그는 오웨고에 살 때부터 음악가가 되겠다는 포부가 있었다. 노래를 제법 잘 부르고 피아노도 능숙하게 쳤는데, 어머니가 시끄럽다고 핀잔을 해도 연습을 게을리하지 않았다. 그가 하루에 6시간 이상을 피아노 연주에 매달렸다는 사실은 그만큼 그가 새로운 탈출구를 모색했던 게 아니었을까?

소년기의 록펠러는 놀이나 재미와 연관된 일을 그다지 좋아하지 않았지만, 음악만은 신앙생활에 지장이 없는, 진심으로 즐길 수 있는 예술이라고 생각했다. 그러한 생각은 학교생활을 하면서 중상류층 집안 아이들과 교우하면서 고상한 삶에 대한 열망을 갖게 된 때문이기도 했다.

그래서인지 록펠러는 또래 아이들과 어울리는 일을 등한시하지는 않았다. 그는 별로 탐닉하지는 않았지만, 이따금 아이들과 체스 게임을 할 때가 있었다. 그때 록펠러의 진면목이 나타나곤 했다. 그는 한 수 한 수 면밀히 분석하면서 대단히 신중하게 게임에 임했다. 상대가 대응할 법한 수를 머릿속으로 일일이 계산하면서 두는 바람에 당연히 속도가 늦었다. 참을성 없는 친구들이 빨리 두라고 재촉하면 그는 나직한 목소리로 중얼거렸다.

"기다려! 지금 내가 지려고 두는 건 아니잖아."

그는 어떤 게임이든 규칙을 온전히 파악하기 전에는 절대 움직이지 않았다. 남들이 보기에는 느리고 답답했겠지만, 일단 판단이 서면 전광석화처럼 빠르게 행동했다. 그래서 상대방이나 주변 사람들은 무슨 일이 일어났는지 순간적으로 영문을 모르고 있을 때가 많았다. 그것은 훗날 최고의 기업인 록펠러를 만들어 낸 성격이자 체질이었다.

록펠러는 과묵하면서도 자신의 생각을 분명하고 정확하게 표현할 줄 아는 학생이었다. 당시 미국은 노예제도에 대한 논란으로 온 나라가 분열되어 있었다. 록펠러는 확고한 노예제도 폐지론자였다. 그는 '자유'를 주제로 한 에세이에서 자신의 생각을 이렇게 표현했다.

"인간이 같은 인간을 노예로 속박하는 것은 이 나라의 법과 주님의 법을 어기는 것이다. 노예들을 뙤약볕 아래서 그토록 혹사시키는 상황에서 어떻게 미국이 자유국가라고 할 수 있는가? 만약 노예제도를 신속히 폐지하지 않는다면 그것은 이 나라를 망치고 말 것이다."

고교 시절 그는 흑인을 돕는 자선사업에 기부를 하기도 했다. 록펠러는 방과 후에 클리블랜드 거리를 즐겨 걸었다. 클리블랜드는 인구가 거의 3만 명에 달하는 신흥도시로서 젊은 록펠러를 흥분시킬만했다. 아직 도로도 제대로 포장되지 않았고 하수 처리 시설도 부족했지만 급속도로 발전하고 있었다.

그는 언제나 수많은 배들이 드나들고 있는 이리 호를 바라보는 것이 좋았다. 또한 호수 주변에 널려 있는 조선소를 비롯해서 수많은 공장들과 제재소, 창고 사이를 걷는 것을 좋아했다. 그는 이리 호를 바라보며 언젠가 10만 달러를 벌고 말겠다는 결심을 거듭했다.

두 친구

록펠러에게는 친구가 별로 없었지만, 고등학교 시절에 그의 인생에서 중요한 두 명의 친구를 만났다.

그 중에 한 사람은 남자였는데 이름은 '마크 한나' 였다. 한나는 불의를 보면 참지 못하는 진짜 사나이다운 기질을 가진 다혈질의 소유자였다. 그는 부유한 식료품, 잡화 중개상의 아들로 늘 활동적이었고, 어떤 종류의 운동에도 빠짐없이 참가하는 만능 스포츠맨이었다.

어느 날 길거리에서 공놀이를 할 때였다. 록펠러가 찬 공이 하필 페인트칠을 하고 있는 인부를 맞혔다. 사다리에서 떨어질 뻔한 인부는 무척 화가 나서 마구 성질을 부렸다. 록펠러가 거듭 사과했지만 그는 막무가내였다. 그때 그곳을 지나가던 한나가 이를 보고 다가오더니 인부를 쫓아 버렸다. 한나의 집은 그 도시에서 대단한 부자였는데, 그 인부는 한나의 집안일을 거들던 사람이었던 것이다.

그 일로 인해서 두 사람은 아주 친하게 지내게 되었다.

훗날 한나는 상원의원이 되었고, 록펠러는 최고의 기업가가 되어 두 사람은 평생 서로를 돕는 관계를 유지하며 우정을 나누었다. 한나는 공화당 당수를 역임하고 대통령 선거 때마다 킹메이커가 되어 큰 영향력을 발휘할 정도의 거물 정치인이 되었고, 록펠러의 '스탠더드 오일 트러스트(Standard Oil trust)' 를 돕는 정치적 후원 세력의 중심이 되었다.

록펠러가 사귄 또 한 사람의 친구는 여자였는데, 그 여자의 이름은 '로라 셀리스티아 스펠먼' 이었다.

그녀는 나중에 록펠러의 아내가 되었지만, 그들이 학창 시절부터 화끈한 연애를 한 것은 아니었다. 록펠러가 로라와 친하게 지내게 된 것은 그녀가 당시 여자로서는 드물게 선택과목에서 록펠러가 좋아하는 경영 과목을 공부하게 되면서부터였다.

록펠러보다 두 살 어린 로라는 오하이오 주의회 의원을 지낸 성공적인 사업가 하비 유엘 스펠먼의 딸이었다. 하비는 진보적인 공교육 체제를 주창하고 교육 개혁운동에 앞장선 탓에 지역 교육위원회 위원이 되었고, 그 공로를 인정받아서 1849년 오하이오 주의회 의원이 되었다. 독실한 기독교인인 그는 교회 일에도 열정이 넘치는 사람이었다. 그는 교회 활동을 통해 노예제 폐지운동과 금주운동을 벌이기도 했다.

검은 머리에 빛나는 갈색 눈을 가진 로라는 노래도 잘 부르고 피아노 연주 실력도 뛰어났다. 그녀는 졸업 연설 때 "여자들도 남자들처럼 자기 카누의 노를 저을 수 있다"고 외칠 정도로 개방적이고 대담한 성격의 소유자였다.

그녀는 록펠러가 유쾌하면서도 과묵하고 신중한 사람이라는 데에 끌렸다. 또한 어떤 일에도 흥분하지 않고 평상심을 유지하며 미소를 짓는 록펠러가 큰 야심을 지녔지만 정직한 사람이라는 것을 알았다. 그녀는 겉모습이 온화할 뿐만 아니라 행동거지도 차분하고 조용했다. 그리고 큰소리를 내는 법이 없었고, 젊은 여자들에게서 종종 나타나는 경솔함과 변덕스러움이 없는 여자였다. 시끄러운 여자를 무척이나 싫어하던 록펠러는 그녀가 무척 마음에 들었다. 두 사람은 피아노 치는 취미까지 같아서 이중주를 치며 시간을 함께 보내기도 했다.

그러나 록펠러가 그녀에게 청혼한 건 학창 시절이 아니었다. 그 무렵 결혼을 꿈꿀 만큼의 여유가 록펠러에겐 없었다. 그는 두 집안이 사회적, 경제적으로 격차가 너무 크다는 것을 생각하지 않을 수 없었다. 스펠먼 가가 고급주택가에 살고 명예와 품격을 갖춘 명문가라는 사실이 그를 머뭇거리게 했다.

친구들도 두 사람이 잘 어울리기는 하지만 여러 가지 조건에서 선망의 대상인 로라가 록펠러에게 관심을 두는 게 이상하다고 생각할 정도였다. 하지만 록펠러는 계속 그녀와 짧은 편지를 주고받을 정도의 관계를 유지하고 있었다.

그는 평생 '존 R' 라는 애칭을 사용했는데, 그녀에게 보내는 편지에서 그 애칭을 사용하기 시작했다. 그는 어른이 되어 서류에 서명할 때도 이 애칭을 즐겨 썼다.

그러므로 누구든지 이런 것에서 자기를 깨끗하게 하면 귀히 쓰는 그릇이 되어 거룩하고 주인의 쓰심에 합당하며 모든 선한 일에 준비함이 되리라

〈디모데후서 2장 21절〉

5. 어머니와의 세 가지 약속

어린이의 미래를 구축하는 것은 어머니의 일이다.

- 나폴레옹

세 가지 유산

록펠러의 어린 시절과 관련해서 '어머니와의 세 가지 약속' 이라는 유명한 일화가 있다.

이 일화는 그가 대사업가로 성공한 후에 발표한 자서전에서 고백한 것인데, 존은 자신의 성공비결로 어렸을 때 어머니와 한 세 가지 약속을 평생 동안 지킨 것을 꼽았다.

그 세 가지는 다음과 같다.

(1) 십일조 생활을 해야 한다.

(2) 교회에 가면 맨 앞자리에 앉아 예배를 드린다.

(3) 교회 일에 순종하고 목사님의 마음을 아프게 하지 않는다.

그가 자서전을 내자 어느 신문기자가 찾아와 물었다.

"회장님께서는 이번에 출간하신 자서전에서 세계 제일의 부자가 된 비결이 어머니가 주신 세 가지 유산 때문이라고 하셨는데 그것에 대해 말씀해 주십시오."

그러자 록펠러는 이렇게 답했다.

"나는 어린 시절에 어머니와 세 가지 약속을 했습니다. 나는 그것을 무슨 일이 있어도 반드시 지켰고, 지금 와서 생각하니 그것이 어머니로부터 받은 유산이었습니다. 그것은 신앙이라는 이름의 유산이었습니다. 그 신앙 유산을 받은 것이 내가 세계 제일의 부자가 된 비결이라고 생각합니다."

그러자 기자가 다시 물었다.

"세 가지 신앙 유산이란 구체적으로 무엇입니까?"

"어머니로부터 받은 첫 번째 유산은 십일조 생활을 해야 한다는 것입니다. 어려서부터 어머니는 나를 교회에 데리고 다녔습니다. 나는 용돈을 20센트씩 받았는데 그때마다 어머니는 십일조 헌금은 해야 한다면서 십일조 드리는 습관을 가르쳐 주셨습니다. 나는 사업에 대한 모든 비전을 기도 중에 얻었고 십일조로 보답했습니다. 내가 만일 그때 어머니로부터 그러한 교육을 받지 않았다면 나중에 100만 달러를 벌었을 때, 10만 달러라는 십일조를 못 드렸을 것입니다. 그러나 나는 저의 어머니에게 철저한 십일조 교육을 받았기 때문에 나중에 1000만 달러를 벌었을 때도 정확한 십일조를 드릴 수 있었습니다. 그러면 신기하게도 그때마다 더욱더 많은 돈이 들어왔습니다."

"두 번째 유산은 무엇입니까?"

"부자로 성공하게 된 두 번째 신앙 유산은 교회에 가면 맨 앞자리에 앉아 예배를 드리는 것입니다. 어머니는 어린 나를 데리고 언제나 40분 정도 일찍 교회에 나와서 맨 앞자리에 앉아 예배를 드렸습니다.

그래야만 목사님의 설교 말씀에 더 많은 은혜를 받을 수 있다고 강조하셨습니다. 어머니는 맨 앞자리를 가장 큰 축복의 자리로 생각하신 것입니다."

"세 번째 유산은 무엇입니까?"

"부자로 성공하게 된 세 번째 신앙 유산은 교회 일에 순종하고 목사님의 마음을 아프게 하지 말라는 가르침입니다. 그래서 나는 조금 마음에 안 드는 일이 있어도 목사님의 말씀을 따랐고, 어떤 일이든지 교회에서 정한 일은 불평하지 않고 항상 순종한다는 원칙을 지켰습니다."

록펠러는 엄청난 금액의 헌금을 하고 수천 개의 교회를 지어서 바쳤다. 그러면서도 교회가 이미 결정한 일에 대해서는 늘 순종의 미덕을 보여 주었고, 평범하면서도 순수한 교인의 자세를 견지했다. 그가 그러한 자세를 가지게 된 것은 어머니가 가르쳐준 기본적인 신앙생활이 순리이고 큰 신앙 자산임을 깨닫게 되었다고 말하고 있다.

"나는 어머니의 말씀에 따라 하나님께 축복의 씨를 뿌리면서 20~30년 후 어마어마한 결실이 맺힌 것을 볼 수 있었습니다. 나는 이런 하나님의 경제학을 어머니에게서 철저히 배웠습니다."

어머니의 유언

록펠러의 어머니는 록펠러가 세계 최고의 부자가 되는 것을 다 보고 난 후에 세상을 떠났다. 하지만 어머니는 아들의 일을 항상 염려하고 걱정했다. 그래서 어머니는 세상을 떠나기 전 아들에게 마치 십계

명과도 같은 유언을 남겼다.

그것은 어머니의 또 다른 신앙 유산이었다.

어머니로부터 꼼꼼하고 곧이곧대로 도덕률을 주입받은 록펠러는 어머니의 유언을 평생 가슴에 품고 살았다. 이것이 록펠러로 하여금 위대한 하나님의 사람이 되게 만들었다.

☞ 어머니의 유언

1. 하나님을 친아버지로 섬겨라
2. 목사님을 하나님 다음으로 섬겨라
3. 오른쪽 주머니에는 항상 십일조를 준비해라
4. 누구도 원수를 만들지 말라
5. 예배드릴 때는 항상 앞자리에 앉아라
6. 아침에는 항상 그날의 목표를 세우고 하나님 앞에 기도하라
7. 잠들기 전에는 반드시 하루를 반성하고 기도하라
8. 남을 도울 수 있으면 힘껏 도와라
9. 주일 예배는 꼭 본 교회에 가서 드려라
10. 아침에는 가장 먼저 하나님의 말씀을 읽어라

오직 너희를 위하여 보물을 하늘에 쌓아 두라 거기는 좀이나 동록이 해하지 못하며 도둑이 구멍을 뚫지도 못하고 도둑질도 못하느니라. 네 보물 있는 그 곳에는 네 마음도 있느니라

〈마태복음 6장 20~21절〉

제2부

일찍 시작한 사업

6. 인생의 첫걸음

취직

1855년 8월, 고등학교를 졸업한 열여섯 살의 소년 록펠러는 대학 진학을 포기했다. 그는 록펠러 집안 최초의 대학생이 되고 싶었지만 가정 형편이 여의치 못했다. 그 대신에 오랫동안 꿈꾸던 사업가의 길에 뛰어들기로 결심했다.

그는 클리블랜드의 거리를 돌아다니며 일자리를 구했다. 그가 원하는 것은 단지 일자리가 전부는 아니었다. 자기의 큰 포부를 펼치기 위해 사업을 배울 수 있는 일자리를 찾고 있었던 것이다. 그는 철도회사, 은행, 도매상 등 보다 전망이 있고 규모가 큰 곳을 열심히 찾아다녔다.

그는 뜨거운 여름의 태양 아래 한 달 가까이 클리블랜드 도심을 헤집고 다녔지만, 일자리를 구할 수가 없었다. 당시는 개척 시대여서 일반 노무자들의 자리는 흘러넘쳤지만, 사무직이나 관리직은 구하기가 무척 힘들었다. 더군다나 10대 소년을 사무직으로 채용하려는 사람은 아무도 없었다.

그러자 아버지가 어쩔 수 없다는 듯이 말했다.

"이제 일자리 구하는 것은 그만두고 나와 같이 시골로 돌아가자."

그 무렵 아버지는 오랜 방황을 끝내고 어느 정도의 돈을 모아서 돌아온 탓에 다시 마음을 잡고 농장 일을 시작할 생각이었다. 하지만 록펠러에게는 그 말이 저승사자의 목소리처럼 들렸다. 그는 힘든 농사일에 묻혀서 평생을 보내고 싶은 생각이 털끝만큼도 없었다.

훗날 록펠러는 그때를 이렇게 회상했다.

"그때 내가 시골로 내려갔다면 어떤 사람이 되었을 것인가! 아버지의 그 말씀을 생각하면 지금도 등골이 오싹해진다."

록펠러는 희망을 잃지 않고 거절당할수록 더욱 결심을 굳히며 계속해서 일자리를 찾아다녔다. 9월 26일, 3층짜리 벽돌 건물의 계단을 오르며 마침내 원하는 곳을 찾았다는 예감이 들었다. 그곳은 '휴이트 앤드 터틀'이라는 곡물 위탁판매회사였다. 사장은 록펠러의 이력서를 들여다보고 몇 분간 면접을 봤다.

사장이 물었다.

"자네가 잘할 수 있는 일은 무엇인가?"

록펠러는 자신 있게 말했다.

"저는 회계를 잘 이해하고 있습니다. 경리 일을 하고 싶습니다."

사장은 록펠러에게 경리 업무에 대한 몇 가지 테스트를 해보고 글씨는 잘 쓰는지 꼼꼼히 확인한 뒤 말했다.

"좋아! 자네를 한번 믿어보지. 열심히 할 수 있겠나?"

"물론입니다. 최선을 다하겠습니다."

그렇게 해서 록펠러는 경리 직원으로 채용되었다.

록펠러는 뛸 듯이 기뻤다. 그는 자신이 일할 자리에 앉아서 마치 날아갈 듯한 기분을 느꼈다. 그날 이후 '휴이트 앤드 터틀'에서 일하는 법을 배웠고 사업이 무엇이란 것을 알게 되었다.

"그날은 내 생애에 있어서 아주 특별하고 중요한 날이었다. 난생 처음으로 혼자서 생계를 유지할 수 있는 돈을 벌기 시작한 날이 아닌가!"

훗날 그는 이렇게 회상하며 9월 26일, 그날을 자신의 두 번째 생일로 기념했다. 그는 억만장자가 된 후에도 그날을 '직장의 날'로 정해 기념했는데, 허드슨 강을 끼고 있는 록펠러 가문의 영지 포컨티코에는 9월 26일이면 어김없이 성조기가 내걸리고 집안에서는 그날을 기념하는 작은 파티가 열렸다.

한번은 60대에 들어선 록펠러가 클리블랜드를 방문하던 중에 갑자기 운전사에게 차를 돌리라고 외쳤다. 그는 예전에 자신이 일하던 곳으로 차를 몰게 했다.

"저걸 보라고! 저기 저 장방형의 건물 말이야! 난 저기서 주급 4달러를 받고 처음 일을 시작했었지."

그는 차에서 내려 건물 주위를 이리저리 산책하며 감회에 젖었다. 어느새 그의 눈에는 이슬이 맺혀 있었다.

첫 직장

그는 매일 아침 6시 30분에 출근해서 일을 시작했다. 겨울에 그 시간은 아직 날이 밝지 않아서 등불을 켜야 했다. 그는 고래기름 등잔에 불을 켜고 책상 앞에 앉아 일을 시작했다. 팔에 토시를 끼고 하루 종일 꼿꼿한 자세로 책상에 앞에 앉아 산더미처럼 쌓인 회계장부와 씨름을 하면서도 싫증 한번 내지 않았다.

사장과 직장동료들은 록펠러의 성실하고 헌신적인 태도에 모두 놀랐다. 그는 매일같이 새벽 6시 30분에 출근했고, 밤 10시가 넘어서 퇴근했다. 그렇지만 그의 월급은 노력에 비해 터무니없이 적었다. 월급을 적게 주는 탓에 직원들이 계산서나 송장을 조작하기도 했지만, 록펠러는 추호도 그런 일에 개입하지 않았고, 아주 충실한 자세로 일에 임했다.

사장은 그가 근무한 지 석 달이 지나 새해를 맞이할 때 50달러를 주었다. 계산해 보면 한 달에 25달러를 받은 셈인데, 그것은 막노동자의 수준에도 못 미치는 적은 돈이었다. 당시는 10대 청소년들이 견습생으로 일하는 경우가 흔했던 탓이기도 했지만, 처음 일을 시작할 때 월급 액수를 정하지 않은 게 잘못이었다. 록펠러는 사기당한 기분이 들었지만 일을 배울 수 있다는 자체에 행복을 느꼈다. 록펠러는 아무런 불평도 하지 않았고, 종종 밤을 꼬박 새우기도 하면서 더욱더 일에 전념했다.

그는 경리 일을 하면서 아주 하찮은 수치와 작고 미미한 것들이, 사실은 모두 중요한 의미를 갖고 있다는 것을 깨달았다. 그래서 그는 세부 사항을 꼼꼼히 살펴보았고, 그런 다음 그것을 수정 변경하는 일에 매달렸다.

그는 매일 밤, 집에 돌아와서 하루의 일을 되새겨보고 자신에게 훈계하는 일을 게을리하지 않았다.

"지금 세상은 하루하루가 다르게 발전하고 있다. 불만을 갖기보다는 다가오는 기회를 잘 잡아야 한다. 서두르지 않고 기다리다 보면 분명히 내가 해야만 할 큰 일이 다가올 것이다."

록펠러가 맡은 업무는 그리 대단한 것은 아니었지만, 미래를 준비하려는 그에게는 매우 긴요한 훈련의 장을 제공했다.

1858년에 이르자 휴이트 앤드 터틀 회사는 곡물에서부터 대리석까지 거의 모든 상품을 취급하며 전국적인 네트워크를 구축할 정도로 성장했다. 록펠러의 월급도 올라서 600달러의 연봉을 받게 되었다.

록펠러는 배달된 물품을 확인하고 계산서를 정리하는 일에서부터 대금 지급과 미수금 정리까지 회사의 회계장부 일체를 도맡아서 처리하는 탓에 회사가 돌아가는 상황을 누구보다 소상하게 파악하고 있었다. 록펠러는 커나가는 회사의 업무 시스템을 배우는 일이 무척 즐거웠고, 점차 광범위한 상업의 세계를 접할 수 있게 되었다. 결국 그는 미국 경제에 혁명을 일으킨 것이 철도와 전신이라는 사실을 깨닫게 되었다.

그는 차분하면서도 끈질긴 성격을 유감없이 발휘해서 채무자를 만나면 꼼짝 못하게 만들었고, 거의 대부분 1시간 안에 빚을 받아내기도 했다. 많은 채무자들이 "이렇게 끈질기고 빈틈없는 사람은 정말 처음 본다!"며 두 손을 들었다.

펜실베이니아와 웨스트버지니아의 석탄과 슈피리어 호(湖) 주변의 철광석, 미시간의 소금, 대초원 지역의 곡물 및 옥수수 등, 중서부 지역의 풍부한 생산물이 서부 보류지(WestemReserve: 오하이오주 동북부에 있었던 보류지로, 1800년에 오하이오주에 양도됨)의 상업 중심지였던 클리블랜드를 거쳐 수송되었다. 이리 호와 오하이오 운하의 항구 역할을 하는 클리블랜드는 수송망의 중심지가 될 수밖에 없는 자연 조건을 갖추고 있었다.

1851년 클리블랜드, 콜럼버스, 신시네티를 잇는 철도가 들어서면서 클리블랜드는 육로 수송과 수로 수송이 모두 가능해졌는데, 이를 록펠러만큼 적절하게 활용한 사람도 없었다.

너희가 내 이름으로 무엇을 구하든지 내가 행하리니 이는 아버지로 하여금 아들로 말미암아 영광을 받으시게 하려 함이라. 내 이름으로 무엇이든지 내게 구하면 내가 행하리라

〈요한복음 14장 13~14절〉

7. 회계장부 A

성공을 거두기 위하여 필요한 것은 계산된 모험이다.
-디오도어 루빈

일기 같은 장부책

록펠러는 어린 시절부터 일기를 쓰는 대신에 자신만의 금전출납부인 회계장부를 꼼꼼히 기록하는 습관이 있었다. 이 장부에는 원칙주의자로서의 그의 진면목이 그대로 드러난다.

그는 매일매일의 수입과 지출, 저축과 투자금, 그리고 사업자금과 자선금의 내역을 한 푼도 소홀히 하지 않고 작성해 나갔다. 그는 매일 저녁 회계장부를 기록하며 자신의 일과를 꼼꼼하게 살펴보면서 다음 날의 수입과 지출 규모를 예상했다. 말하자면 장부에 적힌 숫자가 하루하루의 기록이자 반성이었던 셈이다.

'휴이트 앤드 터틀 회사'의 경리 직원으로 입사한 후, 그는 더욱 철저히 회계장부를 기록했다. 당시 그가 기록한 장부를 사람들은 '회계장부 A' 라고 불렀다.

그는 사회생활을 시작한 이래 하루도 빼놓지 않고 장부를 기록해 나갔다. 이 장부는 지금도 록펠러 가의 문서보관소에 고스란히 보존

되어 있는데, 중요한 사실은 그는 첫 월급을 받기도 전에 교회의 자선 사업에 상당한 돈을 헌금했고, 가족을 돌보는 일에 수입의 많은 부분을 사용한 것으로 기록돼 있다는 점이다.

록펠러는 교회의 가난한 신도들과 가난한 아이들의 학비를 위해 많은 돈을 헌금했다. 그의 첫 '회계장부 A'를 보면, 하루에 1달러를 벌 때도 5센트나 10센트, 때로는 25센트를 자선 활동에 썼다. 또한 동생들에게 선물을 사다 주고 돈을 빌려주는 일이 많았다. 그는 교회의 가난한 사람들뿐만 아니라 빈민가로 유명한 맨해튼 남부의 빈민가에도 기부했다. 스무 살이 되던 해 그가 낸 기부금은 전체 수입의 10%를 넘어섰다.

록펠러는 돌아가신 외할아버지가 어머니에게 남긴 유산 관리를 맡고 있었고, 시골로 돌아가기를 포기한 아버지가 시내에 집을 짓는 일을 직접 감독하기도 했다. 그런데 특기할 것은 그 집이 완성된 후 아버지는 아들에게 자기 집에 사는 대가로 집세를 받았다는 점이다.

록펠러는 교회에 헌금을 내거나 가족을 돕는 일, 그리고 이따금 옷을 사는 데 지출하는 것 말고는 별다른 개인적 지출이 없었다. 그의 장부를 보면 그가 얼마나 절약 생활을 했는지 잘 알 수 있다. 그 장부에 빼곡히 적힌 숫자들을 통해 록펠러는 자신의 인생을 그대로 보여주고 있는 셈이다.

그는 장부에서 늘어나는 자신의 재산을 보면서 항상 부자가 되는 꿈에 젖어 있었다. 그는 자신의 장부에 수입이 늘어나는 이유를 이렇게 설명하곤 했다.

"내 수입이 늘어난 것은, 내가 돈을 벌면 하나님이 좋아하는 일을 하실 줄 아시고 축복을 더 주셨기 때문입니다."

하지만 회사를 다니기 시작한 초창기에는 적은 월급 때문에 자신이 이렇게 열심히 일할 필요가 있을까 하는 회의감을 장부의 한 귀퉁이에 남기기도 했다.

"오늘부터는 반드시 밤 10시 전에 퇴근할 것이다."

그러나 그는 곧 그런 생각을 한 자신을 부끄럽게 여기며 다시 이렇게 적고 있다. "더 이상 이따위 맹세는 하지 말아야 한다."

록펠러는 세계 최고의 부자가 된 후에도 금전출납부를 꼼꼼하게 기록했다. 그래서 그는 자신의 1페니가 어떠한 용도로 사용되는지를 명확하게 알고 있었다.

1897년 어느 날, 성공한 사업가가 된 록펠러는 교회에서 '회계장부 A'를 높이 쳐들고 기도문을 읊듯이 이렇게 말했다.

"내가 이 노트를 기록한 것은 25년 전입니다. 오늘날 뉴욕의 현대식 장부가 가져온 이익 전부를 준다 해도 나는 이 노트와 맞바꾸지 않을 것입니다."

록펠러에게 있어서 '회계장부 A'는 사업의 의사결정을 이끌어주고 오류에 빠지기 쉬운 감정을 배제시키고, 비능률적인 요소들을 포착하게 해주며 심지어 부정을 폭로해 주는 신성한 책이었다.

그는 말했다.

"가장 똑똑하다는 이들 중에도 부기를 제대로 하지 못하는 사람들이 많았습니다. 어떤 사업이 돈을 벌어다 주는지, 어떤 사업이 손해를 안겨주는지 정확히 알지 못했다는 얘기지요."

'회계장부 A'의 기록들

'회계장부 A'에는 록펠러 개인사가 고스란히 담겨있다.

그는 3달러 50센트의 주급에서 10%를 교회에 헌금하고 있었고, 매주 아버지에게 집세로 1달러를 지불하고 있었다. 그 외에 소액 기부 모임에 75센트를, 그리고 이리 스트리트 침례교회의 주일학교에 5센트, 빈민 구제 활동에 10센트, 해외 선교 활동에 10센트를 헌금했고, 자신의 일상생활을 위해서 사과 3센트, 셔츠 깃 13센트, 램프기름 1갤런 80센트 등을 사용했다.

나중에 록펠러는 자신의 약혼자를 만나 사용한 비용도 철저하게 기록했다. 그때 그는 회계장부 A를 다 쓰고, 이제는 회계장부 B를 쓰고 있었다. 여기서 조금 달라진 것이 있다면 센트 단위까지 세세히 기록하는 대신, 금액 단위가 달러로 바뀌었다는 점이다.

그는 약혼녀와 교제하며 쓴 비용을 '잡비' 항목으로 기재해 놓았다. 매사에 철저하고 명확한 것을 좋아하는 그의 성격이 여기에 고스란히 드러나 있다.

몇 주 동안 꽃다발을 사는 데 50센트, 약혼녀 및 시종과 함께 록키강까지 주말 드라이브를 하기 위해 고급 마차를 전세 낸 값 1달러 75센트, 결혼반지 가격 15달러 75센트였다.

1864년 9월 8일, 그는 다음과 같은 사항을 일기처럼 장부에 적어두었다.

"오후 두 시 정각에 L. C. 스펠먼 양과 결혼. 주례는 월코트 목사님,

보조는 페이지 목사님, 예식은 그녀의 부모 집에서 거행."

적은 소득이 공의를 겸하면 많은 소득이 불의를 겸한 것보다 나으니라

〈잠언 16장 8절〉

8. 사업을 시작하다

부(富)란 신에게 받은 것으로써,
마음으로부터 만족을 느끼고 있는
가장 사랑하는 나의 자식을 의미한다.
-록펠러

의기투합

1858년, 록펠러는 3년째 근무 중인 회사에서 600달러의 연봉을 받고 있었다. 그는 이 회사에서 자신이 차지하는 가치를 누구보다 잘 파악하고 있었으므로 연봉을 800달러로 올려달라고 요구했다. 하지만 구두쇠인 사장은 어물쩍 넘어가려는 태도로 나왔다. 록펠러는 다른 직장을 알아보는 편이 낫겠다고 생각했다.

그 무렵 다른 위탁판매회사에서 경리 직원으로 일하던 모리스 클라크가 록펠러에게 차라리 같이 사업을 해 보자는 제안을 해왔다. 영국 출신인 클라크는 록펠러보다 열두 살 연상이었는데, 술과 담배를 즐기고, 입에 욕을 달고 사는 거구의 사나이였다. 전혀 어울려 보이지 않는 두 사람은 예상외로 곧바로 의기투합해 위탁판매회사를 만들기로 합의를 보았다.

그런데 문제는 돈이었다. 클라크는 각자 2000달러씩 투자하여 회사를 차리자는 제의를 했는데 록펠러 수중에는 800달러밖에 없었다.

직장 생활을 시작한 지 3년도 안 되어 1년 치 연봉과 맞먹는 많은 금액을 모아놓긴 했지만, 클라크가 제안한 액수에는 턱없이 부족했다.

당시 록펠러는 부업으로 돼지고기, 밀가루, 햄 따위를 도매해서 돈을 벌고 있었다. 그렇지만 나머지 부족한 돈을 채우려면 너무 오랜 시간이 걸릴 것 같았다. 그렇게 자금 마련 방법을 놓고 고심하던 록펠러는 모자라는 돈을 아버지에게 빌리기로 했다.

한때 빈털터리였던 아버지는 골드러시의 막차를 제대로 탄 덕에 그나마 어느 정도 자금 여력이 있었는지, 자식들이 스물한 살이 되면 1000달러씩 재산을 분배해 주겠다고 호언하고 있었다.

아버지에게 돈을 빌리다

록펠러는 그 말을 믿고 아버지를 찾아갔다. 아버지는 선뜻 돈을 빌려주겠다고 했지만, 그때 내건 조건이 문제였다. 그것은 빌려 간 돈을 록펠러가 스물한 살이 되는 1년 6개월 후에 원금과 함께 이자 10%를 갚아야 한다는 것이었다. 10%의 이자라면 엄청나게 높은 편이라서 사업하는 사람으로서는 어쩌면 감당하지 못할 정도의 고리대금이었다. 하지만 록펠러는 군말 없이 아버지의 제안에 동의했다.

아버지는 아들이 동의하자 이 계약을 아주 흡족하게 생각했다. 그는 예전부터 자기 아들이 고생하면서 성장해야만 진정한 성장을 할 수 있다는 지론을 가지고 있었다. 그는 아들을 상대로 가학적인 돈놀이를 하면서도 곧잘 이렇게 말하곤 했다.

"나는 기회가 있을 때마다 아들놈들을 골탕 먹이곤 했지. 녀석들을 힘들게 만들면 녀석들은 그걸 기회로 훌쩍 더 성장한단 말씀이야."

그런데 아버지는 조금 변덕스런 방법으로 아들을 시험에 들게 했다. 그는 아들이 돈이 아쉬울 때를 골라 뜬금없이 원금을 변제하라고 요구하곤 했다. 아들은 갑자기 돈을 구하느라고 상당한 희생이 따랐지만, 그때마다 즉시 돈을 갚았다. 어떠한 경우라도 상인은 돈에 대한 책임을 져야 한다는 근본정신에 투철했기 때문이었다. 물론 그때도 이자는 항상 10%였다. 훗날 그 사실을 알게 된 동업자는 이렇게 말했다.

"대체 어떤 사업을 하기에 한 달 동안 1000달러를 빌려줬다가 다음 달에 바로 내놓으라고 하는지 모르겠더군요."

하지만 록펠러는 아버지가 자신을 시험하고 있으며 돈을 갚고 나면 아버지는 그것을 굴리지도 않고 그냥 갖고 있다가 다시 내놓으리라는 걸 알고 있었다.

록펠러가 회사를 키워서 자립할 때까지 아버지는 몇 번이나 그런 식으로 괴롭혔지만, 아들은 군말 없이 자신의 의무를 다했다. 그때의 기분을 록펠러는 자서전에서 이렇게 말하고 있다.

"그 정도의 가벼운 훈련은 내게 재정 능력을 키우는 좋은 약이 될 거라고 생각했다. 또 실제로 그것은 효과가 있었던 것 같다. 나는 실리에 눈뜨게 해준 아버지께 고마운 마음을 갖고 있다. 하지만 아버지가 나를 그런 식으로 시험할 때마다, 솔직히 기분이 그렇게 좋지는 않았다."

첫 사업에서 성공을 거두다

1859년 3월, 록펠러는 부둣가의 허름한 창고 건물에 '클라크 앤드 록펠러'라는 간판을 내걸고 사업장 문을 열었다. 그는 자신이 자본금이 4000달러나 되는 회사의 공동 경영자가 되었다는 사실이 믿기지 않을 정도로 기뻤다. 불과 열아홉의 나이에 위탁판매회사의 공동 경영자로 도약한 것이다. 내심 벅찬 자부심과 자신감으로 가득 찼지만, 첫날 일을 마치고 이 청년은 하나님께 겸손함을 달라고 이렇게 기도했다.

"나 자신을 돌아보고 조심하지 않으면 실패하게 됩니다. 항상 겸손할 수 있도록 도와주세요."

그러면서 그는 성경에 나오는 다음과 같은 말씀을 마음에 깊이 새겼다.

"사람이 마음으로 자기의 길을 계획할지라도 그의 걸음을 인도하시는 이는 여호와시니라 〈잠언 16장 9절〉"

'클라크 앤드 록펠러' 회사는 육류, 곡식, 어류, 석고, 대리석 등 클리블랜드에서 거래되는 거의 모든 것을 취급했다. 회사 일은 자연스럽게 분업이 이루어져서 클라크가 현장을 뛰고 록펠러는 경리 일을 맡았다. '클라크 앤드 록펠러' 회사는 미시간주에서는 밀, 오하이오주에서는 콩, 일리노이주에서는 소금과 돼지를 사다가 팔았다.

사업은 빠르게 성공 가도를 달리기 시작했다. 록펠러는 사무실에서만 일하는 것이 아니라, 오하이오와 인디애나의 농장을 돌아다니며 직접 거래할 작물들을 골랐고, 농부들과 친분을 돈독하게 만들어 나갔다. 그는 매사에 조심하는 스타일이었지만, 때때로 투자할 때는 무모할 정도의 과단성을 보이기도 했다.

사업 초창기에 '클라크 앤드 록펠러' 회사는 회사 자금 전부를 투자해서 배 한 척 분량의 곡물을 사들였는데 마침 엄청난 태풍이 불어닥쳤다.

록펠러는 이틀 동안 집에도 들어가지 못하고 배가 무사히 입항하기를 노심초사했다. 다행히 태풍은 멎고 배는 늦게나마 무사히 들어와 하역작업을 할 수 있었다. 무사히 하역작업이 끝나자 긴장이 풀린 록펠러는 몹시 몸살을 앓았지만 집안 식구들에게는 아무 말도 하지 않았다.

'클라크 앤드 록펠러' 회사는 첫해에 4400달러, 다음 해에는 1만 7000달러의 흑자를 기록하며 급성장했다. 거기다 1861년 4월에 시작된 남북전쟁은 그들의 사업에 날개를 달아주었다. 전쟁은 수백만 명의 사람들이 고통과 죽임을 당하기도 하지만, 사업가에게는 돈벌이의 좋은 호재가 되기도 한다. 남북전쟁도 예외는 아니어서 JP 모건이나 밴더빌트 같은 대자본가를 만들어 내서 미국 사회에 재벌이라는 새로운 부유층을 탄생시켰다.

전쟁은 '클라크 앤드 록펠러' 회사에도 도약을 위한 새로운 기회를 제공했다. 남북전쟁이 터지면서 클리블랜드는 매우 중요한 전략적 요충지가 되었다. 그것은 남북 간의 싸움으로 미시시피강을 통한 운송 노선이 막히면서 오대호와 다른 강들을 통한 동서 간 수송노선이 활기를 띠게 된 까닭이다. 전쟁이 치열해질수록 군수물자 주문이 쇄

도했고 상품 가격도 치솟았다.

록펠러는 치밀한 성격을 최대한 발휘해서 상품의 구매와 판매 등 영업에서 탁월한 능력을 발휘하여 큰 성공을 거둘 수 있었다. '클라크 앤드 록펠러' 회사는 놀라운 영업실적을 거둠에 따라 클리블랜드에서 신용 평가가 가장 높은 회사의 하나로 성장했다.

록펠러는 스물한 살이 되기 한참 전부터 '록펠러 씨'라고 불렸다. 그는 깔끔하고 단정한 옷차림으로 가장 먼저 출근해서 가장 늦게 퇴근했다. 훤칠하게 키가 크고 눈은 날카로웠으며 꾹 다문 입술은 나이 많은 동업자를 침묵으로 제압하기도 했다. 그는 꼼꼼한 업무 처리로 마치 감사 담당자처럼 클라크의 잘못을 들춰내고 실수를 지적했다. 록펠러가 술을 입에도 대지 않았던 반면에 클라크는 술을 무척 좋아했고 이따금씩 노름에도 빠지곤 했다. 클라크는 깐깐한 록펠러가 동업자로서 마음에 들긴 했지만 지나치게 깐깐한 것이 부담스러웠다고 이렇게 평가했다.

"지나치게 정확했지요. 규율을 극도로 중시했고, 세부 사항을 일일이 점검하고 소수점까지 정확하게 확인했습니다. 우리가 받을 돈이 1센트라도 있으면 그것을 요구했고, 고객에게 줄 돈이 1센트라도 있으면 그것은 반드시 주어야 했습니다."

첫 사업이 순항을 하고 있었으나 록펠러는 자기성찰을 게을리하지 않았다. 그는 잠자리에 들기 전에 이렇게 자신을 다그쳤다.

"시작을 잘했다고 전부 사업가가 되는 건 아니다. 조심하지 않으면 안 된다. 꾸준히 매진하자. 돈을 좀 번다고 목에 힘을 주어선 안 된다. 늘 신중한 자세를 견지하고 균형을 잃지 않도록 조심하자."

록펠러는 자신과 나눈 이 같은 은밀한 대화가 자신의 인생에 커다란 영향을 끼쳤다고 회고했다. 그는 성공을 감당할 수 없을까 봐 두려웠기에 허황된 생각으로 우쭐대지 않도록 자신을 다스렸다.

그가 사업 확장을 위해서 대출 신청을 하자 은행에서는 별다른 까다로운 조건 없이 자금을 대출해 주었다. 그때 록펠러는 세상을 다 얻은 듯한 감회를 이렇게 표현했다.

"정말 그때 얼마나 기분이 좋았는지 말로 설명할 수가 없었어요. 마치 내가 아주 중요한 인물이 된 듯한 느낌이 들었어요."

너희는 스스로 조심하라. 그렇지 않으면 방탕함과 술 취함과 생활의 염려로 마음이 둔하여지고 뜻밖에 그 날이 덫과 같이 너희에게 임하리라. 이 날은 온 땅에 거하는 모든 사람에게 임하리라. 이러므로 너희는 장차 올 이 모든 일을 능히 피하고 인자 앞에 서도록 항상 기도하며 깨어 있으라 하시니라

〈누가복음 21장 34~36절〉

9. 열아홉 살의 집사

자기가 벌 수 있는 것을 최대한으로 벌고,
저축할 수 있는 만큼 최대한으로 저축해서,
또 최대한으로 나누어 줄 수 있는 사람은,
더욱 많은 것을 은혜 가운데 벌수 있다.
-요한 웨슬리

집사 록펠러

록펠러는 열아홉 살에 이리 스트리트 침례교회의 집사가 되었다.

그는 그저 예배에만 참석한 것이 아니라 무척 열성적으로 교회 일을 거들었는데, 고등학교 시절부터 해온 주일학교 교사는 물론이고, 운영위원과 교회 운영일지를 기록하는 서기도 맡고 있었다. '클라크 앤드 록펠러' 회사를 차린 후에도 그는 회사 일을 하지 않을 때는 반드시 교회 일을 거들고 있었다. 교회 활동은 회사에서 일하는 것 이외의 사회 활동이자 유일한 여가 활동이기도 했다.

그는 새로 조직된 YMCA 일을 보기도 했지만, 대부분 교회 사무를 보며, 교회 재정을 관리 등 행정적인 일에도 깊이 관여하고 있었다. 개척한 지 얼마 안 된 교회는 상당한 빚이 있었다. 어느 일요일, 목사님은 설교 후에 신도들에게 교회가 2000달러의 저당금을 상환하지 못해서 차압당할 위기에 처했다고 발표했다.

신도들이 놀란 심정으로 웅성거리며 교회를 줄지어 빠져나올 때,

록펠러는 문 앞에 서서 신도들에게 함께 이 빚을 갚자고 호소했다. 그는 자신의 작은 수첩을 내밀고 사람들에게 이름과 헌금 액수를 써놓을 것을 요청했다.

이렇게 몇 주일 동안 록펠러가 신도들에게 매달리다시피 하며 설득에 설득을 거듭한 결과, 결국 2000달러를 모금하는 데 성공했다.

이 사건은 기업인 록펠러의 성격을 가장 잘 보여주는 예가 될 듯싶다. 즉 그는 그때부터 한번 어떤 비즈니스의 목표를 정하면 흔들림 없이 확고하게 밀고 나가는 강력한 추진력을 지니고 있었던 것이다.

록펠러는 나중에 당시의 일을 이렇게 회고했다.

"나는 그 계획에 완전히 빠졌습니다. 난 정말 내가 할 수 있는 모든 일을 했으며 그 일 및 그와 비슷한 일에 계속 관여하게 되면서 이런 식으로 사업을 하면 돈을 벌 수 있을 것이라는 생각을 하게 되었고, 돈을 벌어야겠다는 야망까지 생기게 되었습니다."

신앙 생활도 사업만큼이나 열심히 했던 그는 교회의 재정도 세상의 비즈니스처럼 깔끔하게 해야 된다고 믿고 있었으며, 자신의 사업이 번창 일로를 걷기 시작하자 교회의 주요한 자금원이 되었다.

그때부터 그는 젊은 나이임에도 불구하고 목사님을 제외하고는 교회 안에서 두 번째로 중요한 인물로 인정받게 되었다. 교회의 한 여자 집사가 당시의 록펠러에 대해서 다음과 같은 생생한 기록을 남겼다.

"일요일이면 우리는 항상 그를 볼 수 있었죠. 혼자서 교회 마당을 쓸고, 난로에 불을 피우거나 등에 불을 켜고, 통로를 청소하며, 신도들을 빈자리에 안내하는 일, 성경 공부를 하며 기도하고 찬양하는 일 등, 헌신적이며 신실한 기독교인이라면 빠트리지 않을 그 모든 일들을 그가 하고 있었던 것이죠 … 그는 단지 서기에 지나지 않았고 돈도 없었으나 이 낡고 작은 교회의 모든 부서의 행사에 헌금을 하죠. 그것도 그 일에 아주 정확했답니다. 그가 15센트를 헌금한다고 했으면 정확히 1센트도 안 틀리는 15센트를 합니다 … 그는 규칙적으로 부지런하게 성경 공부를 했으며 그 안에 무엇이 있는지를 아는 사람이었습니다."

영적(靈的) 복식부기

해가 바뀔 때마다 록펠러의 헌금 액수는 놀랄 정도로 많아졌다. 그것은 그가 운영하는 회사가 엄청난 규모로 성장하고 있었기 때문이다. 록펠러는 벌어들인 돈의 10분의 1을 정확하게 계산해서 십일조로 바쳤다. 그런데 그 금액이 매우 컸기 때문에 교회 재정의 정상화에 큰 힘을 실어 주었다.

록펠러는 주급 4달러의 경리 일을 시작할 때부터 자선단체에도 끊임없이 기부금을 내왔다. 그의 수입이 늘어나면서 기부 금액도 비례해서 늘어났다. 그는 1882년에만 모두 6만 5000달러를 기부했고, 그로부터 10년 뒤에는 150만 달러라는 엄청난 금액을 기부금으로 냈다.

록펠러는 교회에 헌금을 내거나 남을 돕는 일은 보답이나 명예를 바라지 않고 해야 하는 기독교인의 의무라고 생각했다. 그는 하나님이 자신에게 준 돈을 결코 혼자서 가지려고 하지 않았다. 그 무렵부터 그는 자신이 막대한 재산을 담는 그릇으로 선택된 게 아닌가 하는,

약간 신비주의적인 사고를 갖기 시작했다. 1905년에 가진 어느 언론과의 인터뷰에서 이렇게 말했다.

"하나님이 내게 돈을 벌게 해 주셨소. 내가 돈을 벌 수 있었던 것은 하나님의 보살핌이 있었기에 가능한 것이었소. 나는 내 양심이 명하는 바에 따라서 그 돈을 쓸 것이오. 하나님은 내가 돈을 벌면 곧 그것을 다시 나누어 줄 것임을 아시고 나를 도구로 사용하시려 하는 것 같소."

이 말은 성경이 이야기하는 '청지기' 역할에 대한 언급이다. 즉 부자도 하나님의 도구에 지나지 않으며, 그분이 선한 일에 사용하실 재물을 잠깐 동안 위탁받은 자라는 설명이다.

록펠러가 이런 인터뷰를 한 것은 70대 후반의 나이 때지만, 이 말이 어쩌다 돈을 벌게 된 늙은이가 자기 미화를 위해서 해본 말은 절대 아니다. 그는 이미 10대 때 자선사업에 기부하는 데서 확실한 기쁨을 누렸던 사람이다. 또한 그는 어렸을 때부터 어머니의 교육에 의해 버는 것과 쓰는 일에 친밀한 영적 관계가 있다는 것을 인지하고 있었던 사람이었다.

"내 인생의 재정적 계획-혹시 그렇게 부를 수 있다면 말인데-이 언제 형성되었는지 나는 확실히 기억하고 있소. 그건 오하이오에 있을 때였죠. 우리 목사님이 이렇게 말씀하셨어요. '돈을 벌어라, 정직하게 벌어서 지혜롭게 나누어주라' 라고 말이죠. 나는 그 말씀을 내 작은 수첩에 써넣었소."

록펠러는 바로 이러한 영적 복식부기에 따라 일을 했고, 이런 자선

기부사업 또한 그의 재산의 순수성에 있어서 논쟁의 여지를 없게 만들었다. 처음부터 자선사업을 명시한 것이 그가 부를 추구하는 데 있어서 그 유래가 없는-때로는 원칙도 없는-열정을 정당화시키는 라이센스가 되었는지도 모른다.

말년에 록펠러는 이렇게 회상한 적이 있다.

"내 어린 시절 교회에서의 모든 일에 얼마나 감사하는지 모른다. 교회, 주일학교, 좋은 사람들과 같이 했던 일들 등, 내 환경이 이랬던 것에 대해 나는 지금도 하나님께 감사드린다."

이것이 곧 적게 심는 자는 적게 거두고 많이 심는 자는 많이 거둔다 하는 말이로다. 각각 그 마음에 정한대로 할 것이요 인색함으로나 억지로 하지 말지니 하나님은 즐겨 내는 자를 사랑하시느니라

〈고린도후서 9장 6~7절〉

10. 하나님이 주신 선물

인생은 근본적으로 신앙과 인내로 이루어져 있다.
이 두 가지를 놓치지 않는 자는 놀라운 목표에 도달할 수 있다.
- 클라우드 폴 타파넬

선물 중의 선물

"돈 버는 재능은 하나님께서 내게 주신 선물 중의 선물이라오. 이런 선물을 받은 나는 원도 없이 돈을 많이 벌어 보았소. 이제 나는 양심의 지시에 따라 사람들에게 도움이 되도록 이 돈을 쓸 것이오. 나는 그것이 하나님이 내게 내린 사명이라고 믿소."

이 말은 록펠러가 세계에서 유례가 없는 자선 기관인 록펠러 재단을 설립한 후에 한 말이다. 그런데 이러한 깨달은 그에게 있어서는 어려서부터의 깨달음이기도 하고 또한 평생 기업인으로서 가져온 의무이자 자부심이기도 했다.

일찍이 자신의 재능을 깨달은 록펠러는 돈 버는 재능은 '하느님이 주신 선물' 이라고 여기고 평생 즐겁게 열심히 돈 버는 데 매달렸다. 그의 타고난 성격은 조용하고 차분하면서 늘 생각에 잠긴 듯 말이 없고 참을성이 많았지만, 자신이 옳다고 믿는 일에는 매우 적극적이었다. 그러면서도 자신의 생각이나 목표를 잘 드러내지 않는 치밀함을 가지고 있었고, 돈 문제에서만큼은 아주 냉혹했다. 또한 그는 그런 자기 자신을 최상의 무기로 사용할 줄 아는 강력한 힘을 가지고 있었다.

록펠러는 그러한 '하느님이 주신 선물'인 자기 자신의 능력을 제대로 활용하여 세계 최고의 부자가 된 것이다.

록펠러가 죽은 지 3년 후에 출판된 콜롬비아 대학의 알렌 네빈스가 쓴 『존 D. 록펠러 ; 미국 기업의 영웅시대』라는 1,430쪽에 이르는 방대한 책의 끝부분에는 록펠러에 대해서 이렇게 정리하고 있다.

"천재적인 조직력과 목표를 이루고자 하는 끈기와 예지력, 그리고 과단성 있는 성격을 타고난 록펠러는 이 시대의 가장 위대한 인물 중 한 사람이 되었다."

그런데 여기서 중요한 것은 그런 록펠러가 어린 시절에 칠면조를 쫓아다니면서 벌어들인 3달러 50센트의 돈으로부터 자신이 타고난 재능을 이미 알고 있었고, 그 재능은 어머니는 치밀하고 집요한 가르침에서 나온 것이라는 점이다.

두 번째 선물

"엄청난 양의 석유는 분명히 하나님께서 주신 선물입니다."

이것은 록펠러가 석유 사업에서 성공을 거둔 후 한 말이다. 사실 석유는 그에게 주어진 두 번째 선물인 셈이다.

록펠러가 '클라크 앤드 록펠러' 회사를 차린 이후, 미국은 남북전쟁에 휘말렸고 미국 대륙 전체가 엄청난 시련을 겪었다. 하지만 그 미증유의 혼란 속에서도 미국 사회는 독점 재벌을 탄생시키는 자본주의의 확고한 실험대가 되었다.

그리고 곧이어 미국 사회는 '골드러시'에 이어 '오일러시'라는 강력한 지각변동이 일어나고 있었다. 처음에는 미미해 보이던 오일러시는 차츰 골드러시의 수준을 넘어서며 미국 경제와 사회를 새로운 모습으로 변화시켜 나갔다.

최초로 유전을 발견한 사람은 1859년 펜실베이니아 '타이터스빌'에서 에드윈 드레이크 대령이었다. 이 발견은 남북전쟁만큼이나 미국 사회에 큰 영향을 준 사건이 되었다.

그때까지 미국 대부분의 가정에서는 고래기름으로 램프의 불을 밝혔는데, 석유가 고래기름을 대체하기 시작했고 차츰 산업 현장에서도 석유가 쓰이기 시작했다.

드레이크 대령의 타이터스빌은 사람들로 북적이기 시작했고 곳곳에서 수많은 '유전 지대'가 발견되어 흥청대는 도시로 바뀌어갔다. 드레이크가 석유 시추에 성공한 지 1년 만에 미국에서는 50개 이상의 유전이 발견되었고, 다시 1년 후에는 100개를 넘어섰다.

새롭게 발견된 유전 지역에는 사방에서는 연기가 솟아오르고, 벌떼처럼 몰려든 사람들과 함께 술집과 창녀촌이 생겨나서 성경에 나오는 소돔과 고모라를 연상케 했다.

때마침 발효된 '원유시추에 관한 법령'은 원유산업을 가속화시키는 도화선이 되었다. '원유시추에 관한 법령'에 따르면 누구든지 유전을 시추하고 원유를 채취할 수 있었다.

유전지대의 땅값은 하늘 높은 줄 모르고 치솟았다. 예를 들면 처음에 2만 5000달러에 팔렸던 땅이 석 달 뒤에는 150만 달러로 뛸 정도였다. 록펠러는 그러한 사회 현상을 차분한 시각으로 지켜보고 있었다.

남북전쟁이 끝나자 석유 수요는 급격하게 늘어났다. 피츠버그, 필라델피아, 보스턴, 뉴욕, 클리블랜드 곳곳에서 헤아리기 힘들 정도의 정유회사가 우후죽순으로 생겨났다. 그런 활황을 즐기고 있던 정유회사들 일부는 '클라크 앤드 록펠러' 와 겨우 한 블록 떨어진 곳에도 있었다. 그러나 그들을 바라보는 록펠러의 시각은 의외로 차분했다. 대부분의 사람들이, 특히 회사 직원들이 지금 석유 사업에 투자해야 한다고 건의해도 록펠러는 요지부동이었다.

그는 '진짜 돈' 은 석유를 생산하는 사람들이 아니라 운송과 정유를 담당하는 중간 상인들이 차지한다는 사실을 간파하고 있었다. 그런 판단 때문에 록펠러는 '클라크 앤드 록펠러' 의 본업인 육류와 곡물의 위탁판매업에 매진했다. 하지만 시대의 흐름은 어쩔 수 없었다. 이제 석유는 미국 무역의 주종을 이루던 면화를 대신하는 최고의 거래 상품이 되었다.

타이터스빌의 유전이 발견된 지 4년 후, 클리블랜드에는 획기적인 일이 발생했다. 클리블랜드에서 뉴욕 그리고 '석유 지대' 의 중심지와도 직결되는 철도가 놓여진 것이다.

록펠러는 이제 때가 왔다고 판단했다. 하지만 그는 예측을 불허하고 실패의 확률이 높은 유전개발보다는 정유업의 전망이 더 밝다고 내다보았다. 클리블랜드에만 벌써 20개의 정유소가 있었고, 여기서 정제된 석유는 철도를 통해 시골이나 대형 매장에 판매되었다. 이제 미국 전역은 석유가 없으면 움직이지 못할 정도가 되어 갔다.

록펠러는 동업자인 클라크, 사무엘 앤드루스와 함께 8000달러를 투자해서 정유회사를 설립했다. 그들이 차린 정유공장은 몇 대의 증류기, 용광로가 전부였고 기술력도 일천했지만, 그곳에는 곧 철도가 들어설 예정이라는 장점이 있었다.

새로 영입된 앤드루스는 화학을 독학한 사람으로 석유에 관해서는 독보적인 지식을 가진 달인이었다. 그는 석유를 걸러내고, 끓이고, 농축하여 물과 가성소다, 황산으로 정화해서 등유로 분리시키는 정유 시스템을 개발했다.

록펠러는 클라크를 통해서 앤드루스를 만났지만 이미 두 사람은 이리 스트리트 침례교회의 교인으로서 안면이 있었다. 앤드루스를 만나 대화를 나누면서 록펠러는 석유 사업의 중요성을 새삼스럽게 인식하기 시작했고 그의 관심은 위탁판매업에서 석유 사업으로 옮겨졌다.

록펠러는 석유회사를 차린 이상, 그가 항상 그랬듯이 그 일에 온 정신을 집중했다. 록펠러는 그러한 노력을 통해서 배관공, 석유통 제조업자 등의 전문 인력이 필요함을 알아냈고, 광범위한 수소문을 통해서 적임자들을 채용했다. 그는 자신이 직접 뽑은 직원들과 함께 석유 찌꺼기를 치우고 석유통을 기차에 실었다. 그는 또 석유통을 만들기 위해 떡갈나무 숲을 사들였다.

록펠러가 떡갈나무 숲을 사들인 것은 조잡하게 만들어진 것이 아닌 튼튼하고 견고한 기름통을 만들기 위해서였다. 그는 기름통 자체 제작을 통해서 기름통 하나당 2달러 50센트가 들던 비용을 96센트로 줄였다. 이것은 바로 사물의 핵심으로 바로 들어가는 록펠러의 사업적 감각과 매서운 눈을 느끼게 하는 대목이다.

그 후 록펠러는 밤낮을 가리지 않고 석유만 생각했고 석유만 팔았다. 그는 동료들과 아침을 먹고 공장까지 함께 걸어가면서 내내 석유 이야기만 하기도 했으며 일이 끝나고 집으로 돌아갈 때면 장화는 온통 기름투성이었다. 또 침대에서 곤히 자던 동생 윌리엄을 깨워 사업 계획을 속삭일 때마다 윌리엄은 잠 좀 자자고 투덜대던 적도 많았다.

☞ 성공한 기업가들의 10가지 특성

−독일 일간지 《차이트》

1. 남과 다른 생각을 한다
2. 끊임없이 새것을 받아들인다
3. 시장의 흐름을 잘 읽는다
4. 신념과 의지가 강하다
5. 성공을 위해 게임 규칙까지 바꾼다
6. 기회를 잘 포착한다
7. 경영관이 명확하고 건전하다
8. 절약정신이 투철하다
9. 무자비할 만큼 냉정하고 엄격하다
10. 자신의 사업을 즐긴다

또한 어떤 사람에게든지 하나님이 재물과 부요를 그에게 주사 능히 누리게 하시며
제 몫을 받아 수고함으로 즐거워하게 하신 것은 하나님의 선물이라

〈전도서 5장 19절〉

11. 가정을 꾸리다

별들은 언제나 나를 하나님에 대한 생각으로 채워 준다.
별을 보면 나는 하나님께 감사하지 않을 수 없게 된다.
인간의 이성은 하나님의 사랑을 입증해 주는
이 같은 증거들을 부인하고 싶어 하는 것 같다.
그러나 가슴은 그런 증거들을 부인하지 못한다.
영적인 문제에 있어서는 가슴이 더 훌륭한 안내자이다.
- 아치볼드 러틀리지 '꽃 한 송이 때문에'

약혼

1864년 3월, 록펠러는 로라 스펠먼과 약혼했다.

스물다섯 살이라는 젊은 나이임에도 불구하고 클리블랜드의 유력한 사업가로 성공가도를 달리고 있었고, 고등학교 시절부터 알고 지내던 로라와는 진작에 결혼 이야기가 오가고 있었다.

로라는 고등학교를 졸업한 후, 매사추세츠주 워세스터에 있는 오리드 초급대학을 졸업하고, 클리블랜드 초등학교에서 아이들을 가르치고 있었다. 그녀는 엄격한 교사였지만 학생들에게 인기가 좋았다. 두 사람은 계속 편지를 주고받으며 연락을 취하고 있었는데, 그 무렵 록펠러에게 보낸 로라의 편지에는 이렇게 적혀 있었다.

서둘러 결혼할 이유는 전혀 없지만,

아무리 머릿속이 복잡해도

우리의 결혼 문제만큼은 잊지 않고 있기를 바랍니다.

록펠러는 사업이 궤도에 올라서자 마침내 로라에게 청혼했고, 그녀의 부모는 기꺼이 두 사람의 결혼을 승낙했다. 그녀가 클리블랜드 초등학교를 떠나자 아이들은 무척 슬퍼했다. 한 학생은 이렇게 말했다.

"마지막 수업을 하던 날, 우리 반 여학생들은 선생님과 헤어지는 것이 너무 슬퍼서 정말 많이 울었어요."

그녀가 클리블랜드로 돌아온 후, 두 사람은 자주 만났다. 로라의 집안은 든든한 정치적·종교적 배경을 가지고 있었고, 그녀는 젊고 아름다웠다. 그 무렵 스펠먼 가족이 클리블랜드 중심가로 이사를 했다. 록펠러는 그 당시 석유 사업에 흠뻑 빠져 있었는데 정유소에서 일하다가 기름이 튄 장화를 신은 채로 로라를 찾아가서 그녀를 짐마차에 태우고 드라이브를 하기도 했다. 그녀는 데이트를 하면서 록펠러가 하는 사업 이야기를 듣는 것을 무척 즐거워했다. 훗날 록펠러는 이렇게 회고했다.

"그녀는 대단히 현명한 여자였습니다. 언제나 판단력이 나보다 뛰어났어요. 그녀의 예리한 충고가 아니었다면, 나는 가난뱅이가 되었을 겁니다."

다소 과장이 섞인 듯 들리지만, 로라는 이재(理財)에 무척 밝았고, 실제로 결혼 초기에 록펠러는 집으로 장부를 가져와서 아내와 함께 검토하기도 했다. 로라는 아주 당차고 적극적인 성격의 소유자여서 결혼 전부터 록펠러의 일을 적극적으로 돕고 나섰다. 그래서 록펠러는 2000달러의 돈을 모금할 때 로라의 말을 인용하여 이렇게 말하기도 했다.

"우리 교회는 스스로 카누의 노를 저어갈 능력이 있습니다."

로라는 흑인의 인권과 복지 향상에도 열성적이었다. 로라의 가족은 노예해방의 첨병 역할을 했다. 로라의 어머니는 캐나다로 탈출하는 노예들을 위해 따뜻한 식사를 준비할 정도였고, 노예해방을 위한 가두행진도 마다하지 않았다.

그 점에 있어서는 록펠러도 많은 부분에서 공통 관심사를 가지고 있었다. 록펠러는 남북전쟁이 일어나자 노예 두 명을 사서 자유인으로 풀어준 적이 있었고, 센트럴 고등학교에 다닐 때에는 이런 글을 쓰기도 했다.

"노예제도는 국법에도 위반될 뿐만 아니라 형제를 노예로 삼지 말라는 하나님의 법에도 위반된다."

그래서 두 사람은 많은 부분에서 공통 관심사를 공유할 수 있었고, 노예제도 폐지 모임에 적극적으로 참여하기도 했다. 노예제를 제한하고 기업 발전을 옹호하는 새로운 정당인 공화당에 가입하여 평생 당원으로 지냈다. 또한 그의 생애 첫 번째 대통령 투표에서 에이브러햄 링컨을 찍었다.

또 록펠러는 로라의 제자 중에 존 그린이라는 학생에게 유럽 여행을 다녀올 수 있도록 자금을 대주기도 했는데, 흑인 노예였던 그는 나중에 오하이오에서 흑인으로서는 최초의 상원의원이 되었다.

결혼

그해 9월 8일, 두 사람은 로라의 집에서 결혼식을 올렸다. 목사님과 양가 식구들, 그리고 직원 몇 명만 초대한 단출한 결혼식이었다.

이 결혼식에 록펠러의 아버지는 참석하지 않았다. 특이한 것은 결혼식 날 오전에도 록펠러는 사무실에 나와서 일을 했다는 것이다. 그는 결혼식을 위해서 로라의 집으로 가면서 특별 점심식사를 마련했다고 이야기하고 직원들을 데리고 갔다. 졸지에 결혼식에 참석하게 된 직원들은 모두 탄성을 내질렀다.

록펠러는 대단한 신혼여행을 떠났다. 그는 그날, 그러니까 1864년 9월 8일부터 10월 8일까지 정확히 한 달 동안 신혼여행을 다녀왔다. 여행을 거의 해본 적이 없던 록펠러는 나이아가라 폭포와 퀘벡, 뉴욕 등지를 돌아다니면서 무척 즐거워했다. 이때 신혼여행이 얼마나 재미있었는지 록펠러는 그답지 않게 장부에 지출 내역을 정확하게 기입하지 못하고 '신혼여행 경비 490달러'라고 대충 기입하고 있다.

신혼여행에서 돌아온 두 사람은 이리 스트리트 침례교회에서 예배를 드렸다. 그리고 다음 날부터 록펠러는 정상적으로 출근했고, 그다음 날에는 시카고로 출장을 갔다.

그 후 록펠러는 수없이 많은 출장을 다녔는데, 그때마다 냉혹한 사업가답지 않은 따뜻하고 애정이 어린 편지를 매일같이 집에 있는 아내에게 보냈다.

당신 같은 좋은 아내를 둔 것이 나에게 얼마나 큰 축복인지 모르오.
오늘 밤 당신에게 날아갈 수 있는 날개가 있다면…
지난 밤 꿈에 로라 셀리스티아 스펠만이란 아가씨를 만났는데 잠에서
깨고 보니 그 아가씨가 바로 나의 사랑하는 아내, 로라 당신이었다오.

평소 과묵한 편이었던 록펠러였지만, 그녀와는 사업에 대해 상세한 이야기를 나누었다. 아내는 아내대로 전심전력으로 록펠러의 완벽한 배우자가 되려는 노력을 기울였다. 그녀는 돈 버는 일에만 전념하던 남편의 관심을 예술이나 문화, 사교 활동 등에까지 넓혀 주었다.

그런 취향은 훗날 록펠러 왕조의 한 축을 이루게 된다. 록펠러는 그녀 덕분에 삶이 풍요로워지는 것을 기쁘게 생각했다.

훗날 로라는 자기 아들인 록펠러 2세를 경건하고 착실한 교육을 통해 록펠러 가문의 손색없는 후계자로 키워내게 된다. 그녀의 재능을 높이 평가하고 있던 록펠러는 나중에 이렇게 말했다.

"아내는 언제나 나보다 판단력이 뛰어났습니다. 그녀의 현명한 조언이 없었다면 나는 이렇게 많은 돈을 벌지 못했을 것입니다."

결혼 이후 록펠러는 클리블랜드 최대 규모의 석유 사업자가 되었다. 하지만 그는 가정부나 하인을 두지 않고 검소하게 살았다. 훗날 그는 엄청난 부를 거머쥐는 최고의 재력가가 되지만 초창기의 이러한 검소함을 소중하게 여겼다. 그들 부부는 신혼 시절 구입한 접시 세트를 보관하고 있다가 후일 그것을 꺼내 보며 지나간 추억을 회상하곤 했다.

너희가 내 이름으로 무엇을 구하든지 내가 행하리니 이는 아버지로 하여금 아들로 말미암아 영광을 받으시게 하려 함이라 내 이름으로 무엇이든지 내게 구하면 내가 행하리라

〈요한복음 14장 13~14절〉

12. 왕 앞에 설 것이요

성공의 비결은 목적의 불변에 있다.
하나의 목표를 가지고 꾸준히 나아간다면 성공한다.
그러나 사람들이 성공하지 못하는 것은
처음부터 끝까지 한 길로 나가지 않았기 때문이다.
최선을 다해서 나아간다면 뚫고 만물을 굴복시킬 수 있다.
-벤자민 디즈레일리

생애에서 가장 중요한 날

1865년 초, 잘 나가던 회사가 불화로 분열될 위기에 처했다.

클라크는 회사 부채가 거의 10만 달러나 된다면서 불만을 표출했고, 록펠러는 록펠러대로 사업을 제대로 이해하지 못하는 클라크를 이해할 수 없었다. 처음에는 석유 사업에 소극적이었으나 이제는 석유 사업의 미래를 확신하게 된 록펠러는 사업 확장에 뜨뜻미지근한 태도를 보이는 클라크가 점점 못마땅했다.

회사의 부채는 10만 달러에 이르러 있었으나, 록펠러는 새로운 시장을 선점하기 위해서 계속 공격적인 사업 확장이 필요하다고 보았다. 그러나 클라크는 그것을 무모한 투자로 보았다. 동업자들 사이의 의견 대립은 결국 회사를 끌고 나가기 힘들게 만들었다. 두 사람은 회사를 경매에 붙여서 가장 높은 값으로 사들이는 측에 매각하는 게 최선이라는 합의에 도달했다. 물론 석유 전문가인 앤드루스는 록펠러 편을 들었다.

회사의 경매는 1865년 2월 2일에 열렸다. 입찰은 클라크가 500달러부터 시작했다. 그러자 록펠러가 바로 1000달러를 불렀다. 가격은 4만, 5만, 6만 달러로 계속 올라갔다. 가격이 7만 달러를 넘어서자 경매장 안은 팽팽한 긴장감과 함께 긴 침묵이 흘렀다.

"7만 2000달러."

절망적인 목소리로 클라크가 말했다.

"7만 2500달러."

록펠러가 주저 없이 대답했다. 결국 클라크는 손을 들고 말았다.

"난, 이제 더 이상 못 부르겠어. 이 회사는 자네 것일세."

나중에 록펠러는 그날의 일을 회상하며 이렇게 말했다.

"그날은 내 생애에서 가장 중요한 날이었지. 내 일생의 사업이 정해진 날이었으니까. 그때 나는 그것이 얼마나 중요한 일인지 느낄 수 있었지. 하지만 나는 침착했다네. 지금 이렇게 자네에게 말하고 있는 것처럼."

록펠러는 그때 이미 석유 사업의 성공적인 미래에 대해서 절대적인 확신을 가지고 있었기에 그런 대담성과 침착함을 보일 수 있었다. 그런 그였기에 결국 회사는 자신의 손으로 굴러들어오게 될 것이라고 예상하고 있었다. 스물여섯 살의 록펠러는 클리블랜드 금융계에서 인정받는 인물이 되어 있었고, 이미 회사 매입 자금을 준비해 놓고 있었다. 따라서 클라크가 10만 달러를 불렀더라도 11만 달러를 부를 자신이 있었다.

그날 이후, 회사명이 '록펠러 앤드 앤드루스'로 바뀌었다.

록펠러는 유전 지역과 클리블랜드 시내 두 곳에 사무실을 열었다. 그는 추진력이 뛰어난 자신의 동생 윌리엄도 회사에 끌어들여 두 번째 정유소를 열었다. 거기서부터 제3, 제4, 제5 정유소가 생겨나기 시작했다.

록펠러는 윌리엄을 뉴욕에 보내 맨해튼에도 사무실을 열었다. 그것은 석유를 국내뿐만 아니라 외국으로도 수출하기 위한 포석이었다. 이미 록펠러 앤드 앤드루스는 클리블랜드 최대의 정유사가 되었고, 2위 업체에 비해 곱절인 하루 500배럴의 정유 능력을 보유하고 있었다. 윌리엄의 활약으로 록펠러 앤드 앤드루스는 석유 매출의 2/3를 수출에서 올리게 되었고, 연간 수입은 100만 달러를 넘어섰다. 그리고 그다음 해에는 200만 달러도 넘어섰다.

록펠러는 자신의 판단이 옳았다는 것을 알고 석유 사업의 미래에 자신의 모든 것을 걸었다. 그에게 있어서 일이란 거의 종교적인 신성함마저 띄고 있었다. 그래서 사람들은 사업은 그의 종교였다고 말하기도 한다. 이리 스트리트 침례교회에서 주일 성경학교 교사로 일할 때, 그가 가장 좋아하는 성경 구절은 〈잠언 22장 29절〉이었다.

"네가 자기의 일에 능숙한 사람을 보았느냐 이러한 사람은 왕 앞에 설 것이요 천한 자 앞에 서지 아니하리라"

록펠러의 성공 요인 네 가지

여기서 록펠러의 성공 요인을 잠시 살펴보면, 크게 네 가지로 압축할 수 있다.

첫째, 자기 위치에서 최선을 다한다.

록펠러는 첫 직장에서 6시 반에 출근해서 밤 10시가 넘어서까지 일에 몰두했다. 그는 회사에서 시키지 않은 일까지도 스스로 해가며 인정을 받았다. 그는 돈이나 인맥이 없었지만, 현재 자기 위치에서 최선을 다함으로써 성공을 거머쥘 수 있었다.

둘째, 자기 분야를 끝까지 파고든다.

록펠러는 석유 사업을 시작한 후, 오로지 석유만 생각했다. 그의 옷에서는 항상 석유가 묻어 있었고, 집에 돌아와서도 사업 구상으로 밤을 꼬박 새우는 날이 많았다. 또한 그는 석유 사업으로 성공한 후에도 주식 투자 이외에는 석유와 관련되지 않은 사업은 되도록 피했다.

셋째, 사람 관리능력이 뛰어났다.

록펠러는 사업 초기부터 뛰어난 능력을 갖춘 인재를 적극적으로 수용했다. 나중에 스탠더드 오일의 중요한 임원이 된 사람들 중에 몇몇은 스탠더드 오일과 경쟁을 벌이던 사람들도 있었다. 록펠러는 자신을 적대시하고 도전하던 사람들도 능력이 뛰어나면 포용해서 자기 사람으로 만들었다. 유능한 직원은 빠르게 승진시켰고 사회적인 지위나 영향력보다 재능과 정력, 추진력, 충성심, 신중함을 더 중요한 인적 자원으로 보았다.

넷째, 앞날을 내다보는 통찰력을 가졌다.

록펠러의 성공은 대개 그의 앞날을 내다보는 선견력과 통찰력에 힘입은 것이었다. 그는 석유 사업에 몸을 담으면서 원유를 생산하는 것보다는 그것을 정제하는 정유사업과 그것을 저렴하게 수송하는 운송업이 더 중요하다는 것을 내다보았다. 그러한 통찰력을 바탕으로 스탠더드 오일 트러스트를 창안함으로써 석유산업 전체를 완전히 장악할 수 있었다.

그 형제들이 예물을 마련하고 갑절의 돈을 자기들의 손에 가지고 베냐민을 데리고 애굽에 내려가서 요셉 앞에 서니라

〈창세기 43장 15절〉

13. 행복한 가정

록펠러 2세의 탄생

록펠러 부부는 결혼한 지 2년 만에 첫딸 베시를 낳았다. 그리고 3년 만에 둘째 딸 앨리스를 낳았으나 병을 앓다가 그만 돌을 넘기고 세상을 떠났다. 록펠러 부부는 그 후에도 앨터와 에디스 두 딸을 낳았다. 결혼한 지 10년이 다 되도록 아들을 낳지 못하자 록펠러의 아내는 걱정이 많았다. 하지만 록펠러는 아내에게 아들이 없는 것에 대해 아무런 불평도 하지 않았고, 오히려 위로의 말을 해주었다.

"아들이 없다고 걱정하지 마오. 늦게라도 생겨나면 다행일 것이고, 우리에겐 늙어서 의지할 예쁘고 착한 딸자식이 있지 않소?"

1873년, 서른네 살의 록펠러는 클리블랜드에서 알아주는 백만장자의 반열에 올라서 있었다. 그 무렵 록펠러는 클리블랜드의 신흥 부촌인 유클리드 거리에 크고 웅장한 저택을 지었다. 사람들이 '백만장자 거리'라고 부르는 느릅나무가 늘어선 그 거리에는 웅장한 빅토리아식 저택들이 들어서 있었다.

이 집에는 록펠러의 처제 루시 스펠먼이 함께 살게 되었는데, 처제는 평생 결혼하지 않고 그의 집에서 함께 생활했다. 그녀는 록펠러의 자녀 양육을 맡은 선생님이기도 했다. 그녀에 따르면 록펠러는 집에 있을 때 아내의 짐을 덜어주려고 노력하는 아주 자상한 남편이고 다정다감한 아버지였다고 한다.

"그는 낮잠을 자다가도 아기 울음소리가 들리면 벌떡 일어나서 울음을 그칠 때까지 아기를 안고 어르곤 했어요."

록펠러는 일요일이면 가족들을 멋진 마차에 태우고 교회로 갔다. 이리 스트리트에 있던 침례교회는 록펠러의 도움으로 유클리드 거리로 이사를 와서 '유클리드 애버뉴 침례교회'로 바뀌어 있었다. 그는 대사업가가 되어가고 있었지만 여전히 주일학교에서 봉사했고, 아내도 유년부를 가르쳤다.

그해 가을, 다섯 번째 아이를 임신한 록펠러의 아내는 남편의 부축을 받으며 교회에 가서 이번에는 아들을 낳게 해 달라고 하나님께 기도했다. 그리고 해가 바뀐 1874년 1월 29일, 록펠러는 하나님으로부터 가장 소중한 선물을 받았다. 아내가 아들을 낳았다는 소식을 들은 록펠러의 눈에서는 기쁨의 눈물이 번졌다. 아들의 이름은 존 D. 록펠러 2세라고 이름 지었고, 장차 록펠러의 상속자가 되어 록펠러 가문을 빛내야 하는 운명이 점지 되었다.

행복한 가정

록펠러는 젊은 나이에 백만장자가 되었지만 끊임없이 자신을 단련하며, 점잖고 원칙적인 생활을 영위했다. 그는 회사 일이나 교회 일을 하지 않을 때는 반드시 가족들과 함께 시간을 보내는 것을 원칙으로 삼고 있었다.

그는 저녁에 귀가하면 아내의 이마에 부드럽게 입을 맞추었고, 식사 때는 아내와 담소를 나누며 손을 다정하게 잡아주곤 했다. 그런 아버지의 모습을 보고 자란 아이들은 록펠러를 충실한 남편이자 헌신적인 아버지로 항상 기억했다. 아이들이 자라면서 록펠러는 가족과 보내는 시간이 더욱더 많아졌다.

평소에 운동을 무척 좋아했던 록펠러는 아이들과 함께 노는 것을 아주 즐거워했다. 그는 출근하기 전 아침 일찍 아이들을 깨워서 잔디밭을 산책하거나 수영을 즐겼다. 퇴근 후에는 아이들과 술래잡기를 하거나 아이들을 등에 태우고 노는 말놀이, 입으로 크래커를 줍는 놀이, 코에 접시를 올려놓고 균형을 잡는 놀이 등을 즐겼는데, 이럴 때면 온 집안은 떠들썩했고 화기애애하기 이를 데 없었다.

록펠러의 가정에는 아무런 갈등이 없었다.

매일 아침 식사 때는 가족 모두 식탁에 둘러앉아 기도를 드리고, 돌아가며 성경을 봉독한 후 식사를 했다. 또 일요일에는 록펠러의 아내가 '가족회의'를 열었다. 이 시간은 한 주일 동안 잘못한 저마다의 죄를 고해성사하는 시간이었다. 아이들은 어머니 앞에서 자신의 잘못에 대해 이야기하고, 다음 주에는 잘못을 되풀이하지 않을 것을 다짐하고 함께 기도했다.

록펠러는 늘 인내심을 갖고 아이들을 대했다. 그는 화를 내거나 아이들을 나무라는 법이 없었다. 그는 아주 입이 무거운 아버지였고 자상하고 가정적인 아버지였다. 그런데 놀라운 것은 그런 그에게도 아버지 빅 빌과 닮은 점이 있었다는 것이다.

그는 아버지처럼 아이들과 친구가 되어 즐겁게 어울릴 줄 알았다. 그는 아이들을 등에 태우고 손과 발로 바닥을 기면서 몹시 즐거워하곤 했다. 아이들과 술래잡기 놀이를 하기도 하고 또, 아이들을 둘러앉히고 동화를 들려주면서 함께 환상의 세계로 빠져들기도 했다. 록펠러는 아이들에게 수영, 뱃놀이, 스케이트, 승마, 자전거 등을 직접 가르쳤고 새롭고 재미있는 야외 활동을 고안해내는 데도 일가견이 있었다.

아들 록펠러 주니어는 아버지와 함께 스케이트를 타던 일을 이렇게 회상했다.

"호수가 깊었기 때문에 좁고 긴 널판지를 모두들 옆구리에 하나씩 끼고 탔어요. 얼음이 깨지더라도 지탱할 수 있도록 한 것이죠. 아버지는 그런 분이었어요. 어떤 일이든 꼼꼼하게 살펴보고, 안전하다는 확신이 들면 곧바로 실행에 옮기시는 분이셨죠."

그런 까닭에 록펠러의 아이들은 자신들이 백만장자의 자식으로 태어났다는 것을 제대로 느끼지 못하며 자랐다. 용돈을 벌기 위해 집안일을 도와야만 했고, 아버지가 시키는 대로 각자의 회계장부를 작성해야만 했다.

록펠러는 평상시는 자애로운 아버지였지만 용돈에 관해서는 무척 엄격했다. 아이들은 용돈을 타기 위해서 어떠한 명목으로라도 그에 상응하는 일을 해야 했다. 집안일을 거들거나, 아니면 저녁 시간에 식구들 앞에서 악기를 연주해야 그 대가로 용돈을 탈 수 있었다. 아이들은 그 용돈 중에서 매주 20센트를 교회에 헌금해야 했다.

록펠러는 가족을 이끄는 일은 사업체를 운영하는 일만큼 중요하다고 생각했다. 그는 늘 이런 말을 했다.

"우리가 회사를 운영하고 돈을 버는 것 자체가 '가족을 위한 것' 아닙니까?"

하나님이 능히 모든 은혜를 너희에게 넘치게 하시나니 이는 너희로 모든 일에 항상 모든 것이 넉넉하여 모든 착한 일을 넘치게 하게 하려 하심이라

〈고린도후서 9장 8절〉

제3부

본격적인 사업

14. 위기의 극복

<blockquote>
나는 항상 청년의 실패를 흥미롭게 지켜본다.
청년의 실패야말로 그 자신의 성공의 척도다.
그는 실패를 어떻게 생각했는가, 그리고 어떻게 거기에 대처했는가.
낙담했는가, 물러섰는가. 아니면 더욱 용기를 북돋아 전진했는가.
이것으로 그의 생애는 결정되는 것이다.
-몰트케
</blockquote>

첫 번째 위기

1863년, 록펠러가 처음으로 석유 사업에 뛰어들었을 때의 일이다.

그는 모든 일에 꼼꼼하기로 유명했지만, 사람을 한 번 믿으면 이따금 무모할 정도로 모든 것을 내주는 성미였다. 그때까지만 해도 석유 사업의 진가를 잘 알지 못했던 록펠러는 광산업에도 일말의 관심을 보이고 있었다. 그런 그에게 한 친구가 광산업을 권유했다. 그는 친구의 말을 믿고 거금을 들여서 탄광을 인수했다. 그러나 그곳은 이미 폐광이나 다름없는 쓸모없는 광산이었다. 아무리 캐고 들어가도 나오는 것은 돌덩어리뿐이었다.

록펠러에게 절체절명의 위기가 닥쳤다. 평상시에 신용이 좋았던 록펠러였지만, 석유 사업을 하느라고 그쪽에 엄청난 투자를 한 상태라서 추가로 빚을 낼 곳이 마땅치 않았다.

광부들은 임금이 밀리자 폭도로 변해서 아우성쳤다. 그들은 록펠러를 탄광 안에 가두고 임금 변제를 요구했다. 록펠러는 너무 괴로워

'자살'까지 생각하지 않을 수 없는 지경이 되고 말았다. 그는 믿을 곳이 한 곳밖에 없다 생각하고 황량한 폐광에 엎드려 기도했다.

"하나님! 저는 하나님의 말씀은 여태껏 믿고 따랐습니다. 저는 지금까지 양심에 거리끼는 짓을 한번도 한 적이 없었고 하나님께도 온전한 십일조를 바쳤습니다. 그런데 왜 제게 이런 시련을 내리시는 것입니까? 그동안 제가 부족한 것이 있었다면 더욱 열심히 일할 기회를 주십시오. 부디 하나님이 살아 계심을 보여 주십시오."

록펠러는 처음으로 정신없이 눈물을 흘리며 통곡의 기도를 올렸다. 그러다가 그는 잠든 듯 쓰러져 이상한 체험을 하게 되었다.

잠시 잠이 든 것인지, 꿈을 꾸는 것인지 어떤 길을 가고 있는 자기 자신을 보게 된 것이다. 길은 무척이나 험했고, 그는 너무나 피곤해서 더 이상 발걸음을 떼어 놓을 수가 없었다. 그러다가 그는 너무 피곤해서 그만 한편으로 쓰러졌다. 그러자 난데없이 어떤 큰 손이 다가와서 넘어지는 그를 붙들고 일으켜 세우는 것이었다. 하지만 그는 다시 앞으로 꼬꾸라졌다. 그러자 다시 다른 손이 다가와 꼬꾸라지는 그를 붙들고 그 험한 길을 계속 걷게 하는 것이었다. 그가 어떤 지점에 다다르자 두 손은 그를 놓아 주었다.

문득 정신이 든 록펠러는 주변을 둘러보았다. 자신은 아직까지 차디찬 폐광 바닥에 쓰러져 있었다. 하지만 그는 여전히 어떤 커다란 손을 느끼고 있었고, 그의 마음속 깊은 곳으로부터 어떤 음성이 들려오기 시작했다.

"네가 갈 곳에 이미 이르렀느니라. 때가 되면 열매를 거두리라. 네가 있는 곳을 더 깊이 파도록 하라."

록펠러는 이 말씀을 듣고 용기가 용솟음쳤다. 그는 탄광 밖으로 나와서 광부들에게 마지막 호소를 했다.

"여러분, 나는 지금 하나님께 간절한 기도를 드렸고 하나님의 응답을 들었습니다. 하나님께서는 우리를 버리지 않으셨답니다. 조금만 더 깊이 땅을 파면 우리가 원하는 석탄이 있다는 것입니다."

그 말을 들은 광부들인 록펠러가 제정신이 아니라 헛것을 보았다며 수군거렸다. 하지만 록펠러의 눈물 어린 호소에 감동한 몇몇 광부들이 마지막으로 한번 록펠러를 믿어보겠다고 폐광을 더 깊이 파기 시작했다.

그렇게 땅을 파고 들어가기 시작한 지 얼마 되지 않아서 갑자기 석탄 대신 '검은 물'이 분수처럼 솟구쳤다. 그것은 석탄보다도 값진 석유였다. 하나님의 말씀을 믿고 인내로 위기를 이겨낸 록펠러는 그 자리에서 무릎을 꿇고 기도했다.

"하나님, 이렇게 저에게 석유라는 값진 선물을 주신 것은 평생 그 일에 봉사하라는 말씀으로 받아들이겠습니다."

그 후 록펠러는 석유 사업으로 세계 최고의 부자가 되는 길을 걷기 시작했고, 석유 이외의 사업에는 눈길 한번 주지 않았다.

사업가로서의 면밀함

남북전쟁이 끝나자 미국 경제는 급속한 성장기로 들어섰다. 마크 트웨인(Mark Twain, 1835~1910)이 '황금시대'라고 이름 붙인, 미국 역사상 가장 경쟁이 치열한 모험적 자본주의의 시대가 열린 것이다.

록펠러가 첫 번째 고난을 겪은 2년 후, 그의 회사는 하루 생산량이 1,500배럴에 달하는 세계에서 가장 큰 정유회사로 성장했다. 록펠러는 오로지 석유만을 생각하며 벌어들인 돈을 다시 석유 사업에 투자했다. 그는 거대한 저장 탱크를 보유하는 한편 석유의 수송수단인 철도를 장악함으로써 자신의 회사를 클리블랜드의 다른 경쟁사보다 약 두 배 정도 큰 회사로 성장시켰다.

그 과정에서 록펠러의 사업가로서의 주도면밀함과 기획력, 그리고 신앙에 의지한 강한 추진력은 그의 회사를 타의 추종을 불허하는 대회사로 만드는 데 결정적인 역할을 했다. 록펠러는 자신이 지닌 재주에 대해 이렇게 말하곤 했다.

"저는 숫자와 객관적인 사실을 경외하는 사람이며, 후에 수정할 수밖에 없는 상황에 부닥치더라도 세심하게 계획하는 열정을 가진 사람이죠."

록펠러는 사업에 필요한 것은 무엇이든 메모하는 습관을 가지고 있었다. 그는 새로 떠오른 사업 아이디어는 물론 정유공장을 움직이는 장비들의 세세한 부분, 수치, 통계 등 필요한 정보를 모두 수집했고, 하나도 버리지 않았다. 그는 쉴 새 없이 공장을 돌아다니며 메모를 써서 문제점을 지적했고 절약 아이디어를 알려주었다.

"장부에 기록된 3월 재고를 보면 석유통 마개가 1만 750개라고 되어 있어요. 그런데 4월에 2만 개를 새로 구입해서, 그중 2만 4000개를 소비하고 현재 6000개의 재고가 있는 걸로 되어 있군. 그럼 750개 마개는 어디로 갔지?"

그러면 공장 책임자는 그 문제점을 시정하지 않을 수 없었다.

주위 사람들 중에는 그가 지나치게 사소한 일에 매달린다고 비판하는 사람도 있었다. 하지만 그들은 나중에 록펠러가 작은 것에서 큰 것을 보는 비범함을 지니고 있고, 그것은 사물을 세심하게 빈틈없이 바라보는 섬세함에서 나온 것임을 알게 되었다.

어느 날 록펠러는 공장 시찰을 하다가 5갤런들이 석유를 통에 담는 작업을 하는 과정을 눈여겨보았다. 그는 석유통 하나당 40번씩 납땜을 한다는 사실을 알고 작업자에게 물었다.

"땜질을 40번이 아니라 38번만 해본 적이 있나?"

작업자는 그렇게는 해 보지 않았다고 대답했다.

"그럼, 38번으로 한번 해 보게."

그렇게 38번만 납땜을 하자 그중에 석유가 새는 통이 있었다. 그러자 록펠러는 납땜을 다시 39번 해보라고 지시했다. 그러자 그 통에서는 석유가 새지 않았다. 그 후 스탠더드 오일에는 석유통의 납땜은 39번 한다는 업무지침이 내려졌다. 석유통 하나를 용접하는 데는 고작 몇 센트를 절약하는 것이었지만, 스탠더드 오일 전체 규모로 볼 때 이 용접 한 번으로 인해 그의 회사는 수년 동안 수백만 달러를 절약할 수 있었다.

기도에 응답하신 하나님

록펠러의 성공에는 그의 주도면밀하고 세심한 성격과 하나님에게 전적으로 의지하는 기도의 힘이 크게 작용했다. 록펠러는 사업을 하면서 탄광에서 첫 번째 위기를 겪은 후에도 기도를 통한 기적을 여러 차례 일구어냈다.

강력한 태풍 허리케인이 미국 대륙을 강타하고 있는 어느 일요일이었다. 오일 크리크에 석유통을 정박해 놓은 정유업자들은 석유통을 안전한 곳으로 움직이기 위해 전전긍긍했지만, 역부족이어서 어쩔 줄을 몰랐다.

그런데 그 시간, 가장 많은 석유통을 정박해 놓은 록펠러는 태연하게 교회에 가서 기도를 드리고 있었다. 그는 탄광에서 응답하신 하나님에게 다시 한번 갈구하는 마음으로 간절한 기도를 올렸다.

"하나님! 이제 저희 회사가 본 궤도에 올라서려 하고 있습니다. 부디 바라옵건대, 저희 석유통들을 안전하게 지켜주시옵소서. 그 석유가 세상을 환히 불 밝히게 하여 주옵소서."

그날의 허리케인은 록펠러의 석유통이 있는 곳을 비켜서 지나갔다. 그 폭풍에 손상되지 않은 석유통은 록펠러의 것뿐이었다. 그러자 사람들은 록펠러가 하나님에게 특별한 능력을 부여받은 것이 아닌가 하고 생각하기 시작했다. 그의 동료 중에 한 사람은 이렇게 말했다.

"우리 록펠러 사장은 남들이 못 보는 것도 볼 수 있는 능력이 있습니다."

동생 윌리엄조차 록펠러에게 이런 농담을 하기까지 했다.

"형, 비 좀 그만 오게 해 달라고 하나님께 기도해 줘요. 형이 기도하면 안 되는 일이 없잖아."

한 번은 록펠러 가족이 대형 참사를 겪을 뻔한 적이 있었다.

록펠러는 크리스마스를 맞아 아내와 큰딸을 데리고 뉴욕으로 떠나려고 짐을 미리 역으로 보냈다. 그런데 갑자기 집에 일이 생겨서 아내와 큰딸은 출발하지 못했다. 록펠러는 가족을 기다리다가 혼자서 역으로 나갔는데 기차는 이미 출발한 후였다. 하는 수 없이 그는 다음 기차를 탔다. 그런데 앞서 출발한 기차가 사고가 나서 온통 불길에 휩싸이고 말았다. 그래서 그가 부친 짐도 모조리 불타 버렸다.

그는 가슴을 쓸어내리며 하나님에게 자신의 가족을 지켜주신 것을 감사하는 기도를 드렸다. 그리고 그는 뉴욕에 도착한 후 집에 있는 아내에게 편지를 썼다.

1867년 12월 20일
사랑하는 아내에게

어제 오후 4시에 뉴욕에 도착했다오. 옷과 세면도구를 새로 샀고, 윌 앤미라를 방문해서 모처럼 즐거운 시간을 보냈다오. 당신에게 주려던 크리스마스 선물은 사고가 날 때 타버렸다오. 사람들은 내가 그 기차를 타지 않은 것이 천만다행이고 기적 같은 일이라고 말하고 있어요. 기차에서 내렸을 때도 그랬지만, 이번 일도 하나님의 은혜라고 생각하고 있소.

편지로는 이번 사고를 자세히 이야기할 수 있을 것 같지 않구려. 다음 수요일에 일찍 당신을 만나 그때 이야기할 수 있기를 바라오. 식구들은 모두 잘 있으리라 믿소. 가족과 함께 저녁 시간을 갖고 싶구려. 당신과 베티가 집에 있다는 게 얼마나 다행으로 느껴지는지 모른다오. 그때 당신과 베티가 제시간에 역에 도착했더라면 우리는 그 불에 탄 기차 안에 있을 뻔했으니 생각만 해도 끔찍한 일이오. 이건 정말 하나님의 은총이고 감사한 일이 아닐 수 없소.

당신에게 키스를 보내며…

첫째 달 초하루에 바벨론에서 길을 떠났고 하나님의 선한 손의 도우심을 입어 다섯

째 달 초하루에 예루살렘에 이르니라

<에스라 7장 9절>

15. 믿으면 맡겨라

의義란 인간의 의를 하나님의 의로 삼은 것이 아니고
하나님의 의를 인간의 의로 삼은 것이어야 한다.
-강원용 목사

록펠러의 용인술

록펠러는 많은 사람을 사귀지는 않았지만 한번 믿는 사람에게는 전폭적인 신뢰와 권한을 주었다. 그는 의심하면서 사람을 부리면 그 사람의 장점을 살릴 수 없다는 것을 누구보다 잘 알고 있었다. 그래서 사람을 채용할 때는 신중을 기했고, 일단 채용했으면 대담하게 일을 맡겼다.

록펠러는 광산에 잘못 투자했다가 기사회생한 후 자기 일생을 석유 사업에 바치려고 결심했다. 그의 머릿속에는 석유 사업에 대한 투철한 사명감과 각오가 서려 있었고, 당시 석유 사업의 판도가 명확하게 그려져 있었다. 그는 석유 사업으로 세계를 제패할 꿈을 착착 진행해 나갔다. 하지만 혼자 힘으로는 그것이 불가능하다는 것을 누구보다 잘 알고 있었다.

록펠러는 동업자 새뮤얼 앤드루스와 협의하여 또 한 사람의 협력자를 맞아들였다. 그 사람은 록펠러와 평생 동지로 지내게 된 헨리 모리슨 플래글러(Henry M. Flagler)였다.

1867년 3월 4일, 클리블랜드 지역신문 《클리블랜드 리더》에는 록펠러와 앤드루스, 그리고 플래글러 세 사람이 새로운 사업 파트너로 사업을 벌인다는 공고가 실렸다. 플래글러가 회사에 합류하면서 회사는 '록펠러 앤드루스 앤드 플래글러'가 되었다. 그들의 사무실은 로마네스크풍의 둥근 창들이 달린 견고한 석조 건물로 고색창연하기까지 했다.

플래글러는 록펠러보다 9살이나 위였지만 록펠러가 석유 사업을 하는 동안 확실한 분신(分身) 역할을 했다. 그는 추진력과 대외 섭외력에 있어서는 록펠러를 능가하는 능력을 가지고 있었다. 그는 호쾌하고 반짝거리는 푸른 두 눈과 부드러운 검은색 머리, 팔자수염을 기르고 다닌 사람이었는데, 언제나 최신 유행의 옷을 입고 다니며 당당하고 자신만만한 사람이었다.

그는 활달하고 정력적이었으며 입심이 좋았으나 사업상의 일에 대해서는 과묵하기로 유명한 록펠러를 능가할 정도였다. 어떤 면에서 볼 때 플래글러는 대담하고 때로는 무모한 것이 록펠러의 아버지와 비슷했는데 플래글러는 자신이 하는 일이 사업에 관계된 일이라면 과감하게 부딪치기를 주저하지 않았다.

록펠러는 이렇게 말한 적이 있다.

"사람들을 다루는 능력이란 설탕이나 커피같이 돈으로 살 수 있는 상품이다. 그리고 이 세상에서 그런 상품을 나만큼 비싼 값으로 사려는 사람은 없을 것이다."

어떻게 보면 야비한 말처럼 들릴지 모르지만, 그는 사람의 쓰임새는 다 다른 곳에 쓰인다는 말을 그렇게 한 것이다.

가난한 목사 아들이었던 플래글러는 곡물 판매업을 해 보려고 록펠러에게 부지를 임대하려던 사람이었다. 그는 남북전쟁 중에 북군에 식량과 생활용품을 조달해서 재산을 모았는데 위스키 재벌로 떠오르던 스티븐 하크네스의 위스키 증류소에 투자한 인연으로 하크네스의 딸과 결혼했다. 그는 록펠러의 석유 사업이 아주 전망이 밝다는 것을 깨닫고 장인을 설득해서 6만 달러의 투자를 이끌어냈고, 9만 달러의 운영자금까지 받아낸 후 록펠러와 합류한 것이다.

이로서 록펠러는 제유법(製油法)을 발명한 당대 최고의 엔지니어 앤드루스와 대외 섭외력이 뛰어난 플래글러라는 양 날개를 가지게 된 셈이었다. 이 두 사람은 록펠러가 가지지 못한 부분을 온전하게 커버해 준 사람들이었다.

그 후 세 사람의 사업은 일취월장하여 1870년, 그 유명한 회사인 '스탠더드 오일'을 탄생시키고, 미국 석유시장의 95%를 점유하는 초유의 글로벌 기업을 만드는 초석을 다지게 된다. 훗날 록펠러는 스탠더드 오일이란 제국을 건설하는데 또 한사람의 일등공신을 맞아들이는데, 그 사람의 이름은 존 아치볼드(John Archbold, 1874~1960)다.

록펠러가 아치볼드를 등용하게 되는 데는 아주 유명한 일화가 있다.

아치볼드는 원래 스탠더드 오일의 말단 직원이었다. 그는 '한 통에 4달러'라는 별명을 가지고 있었는데, 그것은 일에 대한 열정이 남달랐던 그가 출장을 가서 호텔에 묵게 되면 숙박부에 자신의 이름을 적으면서 옆에 '한 통에 4달러, 스탠더드 오일'이라는 문구를 빠뜨리지 않고 기록하기 때문에 동료들 사이에 붙여진 별명이었다.

"숙박부에 그런 문구를 적는다고 무슨 의미가 있지? 그건 바보 같은 짓거리에 지나지 않아."

그는 동료들이 조롱 삼아 그 별명을 불렀지만, 그 습관을 멈추지 않았다. 그는 자신의 작은 노력이 쌓여 언젠가 회사에 큰 도움을 줄 수 있을 거라는 믿음을 가지고 있었다.

그러던 어느 날, 캘리포니아의 한 작은 도시로 출장을 간 그는 늦은 밤이 되어서야 호텔을 찾았다. 방으로 올라와 침대에 누운 그는 갑자기 숙박부에 이름만 쓰고 온 것을 깨달았다. 그는 몹시 피곤했지만, 다시 옷을 챙겨 입고 로비로 내려갔다. 그는 종업원에게 숙박부를 달라고 하고서 '한 통에 4달러, 스탠더드 오일' 이라는 말을 자기 이름 옆에 적어 넣었다. 그때 옆에서 한 신사가 그의 행동을 유심히 바라보다가 물었다.

"그 말은 왜 적습니까?"

"예, 저희 회사를 조금이라도 많은 사람들에게 알리려는 거지요. 혹시 이 호텔을 찾은 손님 중에서 갑자기 석유가 필요한 분이 있다면 제 숙박계를 본 종업원들이 스탠더드 오일을 권할 확률이 높지 않습니까?"

그로부터 한 달 후 아치볼드는 본사로부터 회장의 특별 초청을 받았다. 본사를 방문한 아치볼드는 캘리포니아의 호텔에서 만났던 그 신사가 바로 록펠러라는 사실을 알게 되었다.

아치볼드를 반갑게 맞이한 록펠러가 말했다.

"나는 당신처럼 회사 일에 열정을 가지고 있는 사원을 옆에 두고 일하고 싶다네."

아치볼드는 그날로 본사 발령을 받았고, 그 후 플래글러의 뒤를 잇는 경영 실세로 부상하여 스탠더드 오일을 세계 최대의 기업으로 만드는 데 크게 기여했다.

록펠러는 1896년 이후, 브로드웨이 26번가의 스탠더드 오일 본사에 매일 출근하는 일을 그만두고, 아치볼드에게 모든 업무를 대행시켰다. 그리고 집에서 아치볼드에게 직통 전화로 매일 보고를 받고 지시를 내렸다.

록펠러는 좋은 아이디어와 돈과 시간이 있다 하더라도 다른 사람의 도움이 없이는 어떤 사업도 성공을 거둘 수 없다는 것을 알고 늘 이렇게 말했다.

"내가 바라는 것을 해낼 수 있는 사람을 찾아내서 모든 것을 맡겨라"

사업으로 맺어진 우정

록펠러는 학창 시절부터 많은 사람을 사귀는 성격이 아니었다. 그는 스무 살부터 아흔 살이 넘는 나이까지 현장에 있으면서 많은 사람을 만나고 동지로 지냈지만, 사업에서나 사생활에서나 플래글러만큼 가깝게 지낸 친구는 별로 없었다.

그들은 같은 사무실에서 일했고, 얼마 지나지 않아 유클리드 가의 서로 얼마 떨어지지 않은 집으로 이사했으며, 함께 이리 스트리트 침례교회를 다니고, 매일 함께 걸어서 출근하며 그날의 일정에 대해 진솔한 이야기를 나누었다.

그 후 두 사람은 수십 년 동안 거의 함께 일했다. 특히 사업 초기에 두 사람은 똑같은 꿈을 꾸고 똑같은 생각을 하며 단짝처럼 지냈다. 록펠러는 자서전에서 이렇게 썼다.

"우리는 아침에 만나서 사무실까지 함께 걸어가고, 점심시간에는 함께 집에 가서 점심을 먹고 돌아왔으며, 밤에도 함께 퇴근했습니다. 이렇게 걸으면서 우리는 아무런 방해도 받지 않고 함께 생각하고 대화하고 계획을 세울 수 있었지요."

두 사람은 사무실에서도 남들이 신기해할 정도로 친밀했다. 그들은 서로 등을 맞대고 앉아서 일을 했는데 문득 어떤 생각이 떠오르면 의자를 돌려서 앉고는 같은 책상에서 머리를 맞대고 대화를 하거나 궁리에 잠기곤 했다. 말이 별로 없던 록펠러가 자유롭게 생각을 나누는 사람이 극소수에 불과했는데 그중에 으뜸인 사람이 플래글러였다.

플래글러는 성격이 무모해 보일 정도로 대담하고 추진력이 강해서 매사에 사려 깊고 면밀한 록펠러와는 반대 성향을 지니고 있었지만, 그러기에 록펠러의 부족한 면을 대부분 커버해 주는 역할을 자임하고 있기도 했다.

대개의 경우 록펠러는 플래글러에게 일을 맡기고 자신은 한 발짝 떨어져서 그가 추진하는 일을 관망하면서 사업의 방향을 조정하고 있었다. 엄청난 열정의 소유자인 플래글러는 항상 모든 문제에 적극적으로 대처했고, 그 엄청난 에너지 덕분에 초창기부터 그들의 회사는 초고속 성장을 할 수 있었다.

훗날 플래글러는 백만장자가 되어 스탠더드 오일에서 은퇴했고, 오늘날 휴양지로 유명하게 된 플로리다의 해안지대를 개발하는 데 만

년을 보내게 된다. 플래글러는 사업에서나 사생활에서나 록펠러와 평생 우정을 나누는 몇 안 되는 친구였다.

나중에 자서전에서 록펠러는 이렇게 썼다.

"플래글러와 나는 비즈니스에서 비롯된 우정을 나누었다. 그는 그것이 우정에서 비롯된 비즈니스보다 더 좋다는 말을 자주 말했는데, 나는 경험을 통해 그의 말에 전적으로 동의한다."

의인이 외치매 여호와께서 들으시고 저희의 모든 환난에서 건지셨도다. 여호와는 마음이 상한 자에게 가까이 하시고 중심에 통회하는 자를 구원하시는도다. 의인은 고난이 많으나 여호와께서 그 모든 고난에서 건지시는도다

〈시편 34편 17~19절〉

16. 앞날을 내다보는 혜안

인간사에서 이루어진 대부분의 발전은
불가능을 극복한 사람들이 이룩한 것이다.
-빌 오핸런

최초의 주식회사

스탠더드 오일도 초창기에는 많은 어려움을 겪었다. 록펠러의 기업 확장 정책에 따라 정유소의 수가 늘어나는 반면, 기술 부족과 부주의로 자주 화재가 발생했다. 그리하여 한때 은행 부채가 25만 달러에 달한 적도 있었다.

하지만 록펠러는 특유의 리더십으로 많은 어려움을 이기고 회사를 반석 위에 올려놓기 시작했다. 그는 자본주의의 생리를 누구보다 잘 알고 있었고, 그것을 운용하는 데 탁월한 능력을 발휘하기 시작했다. 그는 무엇보다도 석유 사업의 미래를 정확하게 내다보는 직관력을 가지고 있었다.

록펠러는 석유 사업의 성패는 질 좋은 석유를 가장 싸게 내놓는 데 있다고 확신했다. 그는 질 좋은 석유를 생산하는 데는 정유 기술이 뛰어나야 한다고 생각하고 신기술 투자에 돈을 아끼지 않았다. 또한 석유 가격을 싸게 내놓기 위해서는 운송비도 저렴해야 한다고 생각했다.

록펠러는 물류 비용에서 경쟁자보다 우위를 점하는 것이 석유 사업에서 성공을 거두는 열쇠라고 확신했다. 그는 물류비를 절약하기 위해서 사소하게 보이는 것에도 주의를 기울였다. 그가 떡갈나무 숲을 매입해서 만들기 시작한 떡갈나무 석유통을 화로에서 건조시켜 목재의 무게를 줄인 탓에 벌목한 목재로 마구잡이로 만든 경쟁자들의 석유통과 달리 견고하면서도 가벼워서 물류비를 절반으로 줄일 수 있었다.

록펠러는 거기에 만족하지 않고 철도회사와의 운임 협상에서 유리한 고지를 점하기 위해서 주변의 정유공장을 흡수·합병하는데 총력을 기울였다. 그는 힘을 분산시키는 낭비를 막으려면 협동과 조화가 필수적이라고 믿었고, 마침내 클리블랜드 최대의 정유기업 집단을 이룩함으로써 운임 협상에서 철도회사를 압도하는 데 성공했다.

그동안 유전지대에서는 아무런 규제 없는 무분별한 유전개발로 석유가 쏟아져 나오면서 석유 가격은 폭락을 거듭하고 있었다. 가격이 폭락하자 석유 업자들은 경쟁보다는 협력이 필요함을 절실하게 깨닫고 석유 생산량을 조절하는 생산량 할당제에 동의했지만, 거의 지켜지지 않았다.

1864년 배럴당 12달러였던 석유 가격은 새로운 유전이 계속해서 개발되고 신기술이 개발되면서 1865년에는 배럴당 2달러로 하락했다. 록펠러는 모든 사업이 그렇지만 석유 사업 또한 장기적인 레이스에서 승리하는 자만이 진정한 승리를 거머쥘 수 있다는 것을 내다보고 있었다. 록펠러는 비용을 줄일 수 있는 방법을 찾으려고 항상 고심했고, 폐기물을 재활용할 수 있는 방법을 모색하기도 했다. 또한 그는 최대한 자금을 동원해서 유가 하락으로 손을 든 업자들의 유전을 하나하나 차례대로 접수해 나갔다.

록펠러의 예상은 적중했다. 등유 사용에 그치던 석유산업은 점차 산업계 전반의 주 에너지원이 되어가면서 폭발적인 성장세를 기록하기 시작했다. 거기에 발맞추어 원유 생산량은 꾸준한 증가 추세를 보여, 1859년 연간 50만 배럴에서 1862년에는 300만 배럴, 1871년에는 550만 배럴로 늘어났으나 유가는 좀처럼 내리지 않았다. 원유산업을 재정비하고, 통제력을 얻은 스탠더드 오일은 생산, 정유, 수송, 판매 단계의 모든 작업을 관리·통제하는 사업 시스템을 구축함으로써 보다 안정적이고 효율적인 경영을 할 수 있게 되었다.

록펠러는 강력한 경쟁자들이 사라지자 일일 생산량을 500배럴에서 1,500배럴로 늘려나갔다. 그는 사업을 성공적으로 이끌기 위해서는 원유의 채취는 물론 그것이 소비자들의 손에 이르기까지 일련의 과정 중 핵심과정을 장악해야 함을 알고 있었다. 스탠더드 오일은 미국의 거의 모든 원유 시추와 정유 그리고 각종 유류 유통시장을 장악했다. 1865년, 이미 록펠러는 세계로 눈을 돌려 동생 윌리엄을 비롯해서 전문가들로 구성된 뉴욕 사무실을 열었고, 세계 전역에서 이루어지는 대부분의 원유 무역을 점령해 나갔다.

스탠더드 오일은 미국 최초의 주식회사였고, 미국 최초로 중역회의 제도를 실시한 회사였다. 투자자들은 회사의 부채에는 책임을 지지 않는 주식회사 제도에 매료되어 투자를 아끼지 않았다.

록펠러의 비상한 회계 능력, 세심한 데까지 신경을 쓰는 꼼꼼함, 원가를 낮추겠다는 의지는 석유산업 1인자라는 확고부동한 입지를 구축하게 해주었다. 이러한 노력은 자신에게는 명성을, 자신의 회사에는 건실한 재무구조를 안겨주었다.

스탠더드 오일의 투자자들은 저렴한 투자 금액에 비해 수익이 엄청나다는 사실에 놀라고 말았다. 록펠러는 경제 공황기였던 1870년에도 결코 손실을 유발하지 않았으며, 주주들에게 100% 이상의 배당금을 주었다. 스탠더드 오일은 차츰 세계에서 가장 거대하고, 가장 많은 수익을 내는 정유회사로 성장하고 있었다.

록펠러는 당시를 이렇게 회고했다.

"우리들은 오늘 해야 할 일, 즉 회사의 기초를 튼튼하게 다지는 일을 마쳤습니다. 그때 우리 중 어느 누구도 스탠더드사가 후에 대기업이 되리라고는 꿈에도 상상하지 못했었습니다."

이것은 무엇을 의미하는가? 그것은 록펠러가 하나님의 사랑을 믿는 사람이기에 가능한 일이었다. 그는 "사람이 마음으로 자기의 길을 계획할지라도 그 걸음을 인도하시는 이는 여호와시니라 〈잠언 16장 9절〉"는 말씀을 철석같이 믿고 따랐다.

실수하는 것은 인간이고, 용서하는 것은 하나님이시기 때문에 그는 최선을 다하되 결과는 하나님께 맡겼다. 믿으려 한다면 확신을 갖고 믿어야 하고, 그렇게 하나님을 믿는다면 분명히 성공하게 된다는 것을 록펠러는 기꺼이 맡은 일과 원대한 목표에 헌신함으로써 하나님의 사랑을 온몸으로 보여준 사람이 되었다.

가장 효율적인 경영

록펠러는 앞날을 내다보는 혜안을 지닌 사람이었다. 그것은 그의 기도에 대한 하나님의 응답의 결과이기도 했다. 그는 사업에 관한한 석유 한 가지만 생각하면서 끊임없이 하나님께 기도했다.

그는 기도와 묵상의 시간에는 〈디도서 2장 11~14절〉의 말씀을 자주 떠올렸다.

"모든 사람에게 구원을 주시는 하나님의 은혜가 나타나 우리를 양육하시되 경건치 않은 것과 이 세상 정욕을 다 버리고 근신함과 의로움과 경건함으로 이 세상에 살고 복스러운 소망과 우리의 크신 하나님 구주 예수 그리스도의 영광이 나타나심을 기다리게 하셨으니 그가 우리를 대신하여 자신을 주심은 모든 불법에서 우리를 구속하시고 우리를 깨끗하게 하사 선한 일에 열심하는 백성이 되게 하려 하심이니라."

록펠러는 매우 경건하고 엄격한 사람이었고, 사업에 있어서는 남들에게 지기 싫어하고 다분히 공격적이고 강경한 입장을 취하기도 했다. 그러면서도 동료들과 직원들에게는 아주 부드러운 사업가였다. 그는 자신의 통찰과 직관을 믿었고 나아가서 〈시편 73편〉의 "주의 교훈으로 나를 인도하시리"의 약속을 따라 하나님의 인도를 믿고 구한 경영자였다.

1869년 록펠러는 처음으로 언론의 주목을 받기 시작했는데, 그를 인터뷰한 기자는 이 말수 적은 젊은이가 이미 정유 사업에서 지배적인 힘을 확보하고 세계적 인물로 성장하고 있음을 간파했다.

"이미 그는 미국 사업계에서 따라잡을 수 없는 지위를 차지하기 시작했다. 그는 한 가지 사업에만 전념하며 시간만 잡아먹는 명예직 따위는 거들떠보지도 않는다. 그의 머릿속에는 정유 사업에 관련된 일들로만 가득하다. 그는 침착하고 질서 정연하게 그 일들을 풀어나가면서 자신의 위상을 최고의 인물로 높여가고 있다."

록펠러는 신입사원을 뽑을 때 일일이 지원자들을 직접 면담했고, 그렇게 뽑은 사람들의 이름을 모두 기억했다. 그는 회사 안을 아주 조용하게 그림자처럼 걸어다니곤 했는데, 이따금씩 직원들이 일하는 현장에 소리소문없이 나타나서 직원들의 일하는 모습을 참관하곤 했다. 그때 어떤 직원이 일하는 자세가 마음에 들면 가까이 다가가서 이렇게 격려했다.

"그래, 바로 그거야! 일은 이렇게 하는 거지. 계속 노력하게."

특히 그는 회계장부에 관심이 많아서 경리부서를 찾는 일이 많았다. 그는 천천히 장부를 들여다보다가 회계의 달인답게 유일한 실수를 발견해 내고 지적했다.

"여기 한 가지 실수를 했군. 고칠 수 있겠지?"

록펠러는 스탠더드 오일 설립 초기부터 뛰어난 능력을 가진 인재를 적극적으로 수용했다. 나중에 스탠더드 오일의 중요한 임원이 된 사람 중에 몇몇은 스탠더드 오일과 경쟁을 벌이던 사람들도 있었다. 록펠러는 자신을 적대시하고 도전하던 사람들도 능력이 뛰어난 사람이면 포용해서 자기 사람으로 만들었다. 그는 경영 방식에서도 항상 앞서갔는데 오늘날 유행하는 책임 위임 방식을 채택해서 유능한 직원은 빠르게 승진시켰다. 그는 인적 자원의 중요함을 항상 강조했고, 실제로 행동으로 그것을 실천했다. 그는 늘 이렇게 말함으로써 능력을 중시하는 자신의 가치관을 분명히 밝혔다.

"진정한 직업의식을 가진 사람들에게 더 높은 점수를 주겠다."

그 대표적인 예가 앞에서 살펴본 대로 아치볼드의 발탁이었다. 그는 사회적인 지위나 영향력보다 재능과 정력, 추진력, 충성심, 신중함을 더 중요한 인적 자원으로 보았다. 스탠더드 오일이 거대 회사로 성장하자 록펠러는 자신의 독단으로 일을 처리하지 않고 철저히 민주적인 방법을 통해서 인재를 발탁했다. 그는 매사를 처리함에 있어서 늘 이렇게 강조했다.

"아무리 옳은 일이라도 그것을 미리 확인하고, 필요한 사항을 모두 준비해야 한다."

스탠더드 오일은 회사가 성장할수록 더욱 세련된 경영 기법을 구사했다. 록펠러는 오랜 사색과 경험을 바탕으로 독특한 이사회 제도를 창안해냈고, 그 제도는 스탠더드 오일의 경영 시스템에 있어서 불변의 제도가 되었다.

스탠더드 오일은 실제로 이사회에서 만장일치를 얻어내야만 움직였다. 이렇게 신중한 경영 시스템을 구축함으로써 스탠더드 오일은 세 가지 장점을 갖게 되었다.

첫째, 회사를 망칠 수도 있는 오너의 독선이나 리더들 간의 분쟁을 피할 수 있게 되었다.

둘째, 새롭게 변화하는 산업의 불확실성에 대비해 리더들이 충분한 의견을 나눌 수 있고, 그에 대비하는 계획을 세울 수 있었다.

셋째, 항상 이사회와 원활한 의사소통을 할 수 있었다.

그는 스탠더드 오일의 석유 정제를 책임진 한 화학자에게 이렇게 말했다. "재주 있고 믿을 만한 사람을 채용해서 사람을 키우시오. 당신은 이제 현장일보다는 의자에 편하게 앉아서 어떻게 하면 우리 회사가 더 많은 돈을 벌 수 있는지 그 방법을 생각하시오."

록펠러는 나이가 들수록 직원들에게 아버지 같은 상사가 되려고 노력했다. 스탠더드 오일의 임금은 같은 업계의 평균치보다 조금이라도 높게 책정되었고, 몸이 아픈 직원에게는 1년 이상 유급휴가를 주었다.

록펠러는 직원들에게도 현금을 주기보다는 자사 주식을 주고자 노력했고, 주식을 받은 이들은 스탠더드 오일의 주가가 급상승하는 바람에 많은 이익을 볼 수 있었다. 그는 회사 이름을 팔아 사기를 친 직원을 용서하고 계속 회사에서 일을 할 수 있도록 했으며, 직원들의 장례식에 1000달러의 부의금을 내놓기도 했다. 그는 기회가 있을 때마다 직원들에게 술과 담배, 이혼, 사치를 멀리하라고 장려했다.

스탠더드 오일의 발자취를 연구한 랄프와 뮤리엘 하이디는 록펠러를 이렇게 평가했다.

"스탠더드 오일 자체보다 록펠러의 헌신적인 노력이 훨씬 훌륭했다. 그는 뛰어난 인물들을 불러들여 효율적인 경영을 했다."

록펠러는 목자이면서 당대 최고의 사상가로 명성을 떨치고 있는 랄프 왈도 에머슨(Emerson, Ralph Waldo :1803~1882)의 다음과 같은 말도 마음 깊이 새기며 자신의 성공에 대한 사색에 잠기기도 했다.

"성공한 사람들은 뿌린 대로 거두는 자연의 법칙에 따라 성실하게 노력했던 사람들이다. 재물을 탐하듯 자신의 내부에 성공의 씨앗을 뿌려라. 성공의 첫 번째 비결은 바로 자기 자신의 완성이다."

차분하고 조용한 성격인 록펠러는 항상 1인자로서 위엄과 카리스마가 있었다. 그는 회의 중에 간혹 임원들 사이에 의견 조정이 안 되고 문제가 발생하면 조용히 메모를 하거나 의자에 앉아 눈을 감고 있다가 마지막에 해결 방안을 제시했다.

당시 록펠러를 만났던 한 변호사는 이렇게 말했다.

"록펠러는 내가 만난 수많은 증인 중에 가장 유능한 사람이었습니다. 그는 상대방의 마음속을 훤히 읽고 있었고, 다음에 나올 6, 7개의 질문이 어떤 것일지를 이미 예상하고 있었습니다."

너희가 내 이름으로 무엇을 구하든지 내가 시행하리니 이는 아버지로 하여금 아들을 인하여 영광을 얻으시게 하려 함이라 내 이름으로 무엇이든지 내게 구하면 내가 시행하리라

〈요한복음 14장 13~14절〉

17. 세상을 바꾼 생각

돈 버는 능력은 미술이나 음악적 재능, 문학적 재능, 의사나 간호사의 재능,
혹은 당신 같은 기자의 재능과 마찬가지로 신이 내린 천부적 재능이니 인류를 위해 최대
한 개발하고 사용해야 한다고 생각합니다. 나 역시 이런 재능
을 부여받았으니 돈을 많이 버는 것, 그리고 그 돈을
내 양심의 명령에 따라 사람들을 위해 쓰는 것이 나의 임무이지요.
-록펠러

빈틈없는 계획

1872년, 그해는 록펠러 개인에게는 물론 미국 경제 전반에서 아주
중요한 한 해로 기록되고 있다. 남북전쟁이 끝나고 대공황을 벗어난
미국 경제는 본격적으로 자본주의 색채를 띠며 도약하기 시작했다.

그해는 록펠러와 몇몇 동료들, 동업자들에 의해서 '스탠더드 오일
트러스트'가 탄생한 해이다. 또한 등유 생산에 그치던 기존의 석유
사업이 산업 전반에 응용되기 시작함으로써 20세기 주 에너지원으로
탈바꿈하는 변혁을 이루어낸 해이기도 하다.

당시 미국은 곳곳에서 새로운 발명과 발견이 이루어지고 있었으며,
그것들은 미래를 움직일 새로운 산업으로 착착 자리 잡아가고 있었
다. 영국에서 시작된 산업혁명의 불이 미국에서 더욱 거대한 규모로
불타오르기 시작했고, 사회 전반에 재화가 넘쳐났다. 미국 경제는 약
동하기 시작했다.

록펠러는 시대의 흐름을 면밀하게 주시하고 깊은 생각에 잠겼다.

그는 만유인력의 법칙을 발견한 아이작 뉴턴이 밝힌 사고의 가르침을 따랐다.

"생각은 문제를 제기하고 해결책을 찾는 능력이다. 어려운 문제라 하더라도 쉽게 포기하지 않고 끈기 있게 생각하는 능력이야말로 자기를 다른 사람보다 우월하다고 확신시키는 유일한 것이다."

그야말로 끈기 있게 생각에 잠겨 있던 록펠러는 석유 사업으로 세계 최고의 부자가 될 수 있는 방법을 발견했다. 그것은 자본주의 역사상 처음으로 한 산업의 여러 분야를 모두 독점하는 최초의 기업 '트러스트'의 발명이었다.

그는 일단 시작한 일은 무모하다 싶을 정도의 대담성을 가지고 추진하는 사람이었다. 록펠러는 클리블랜드에서의 성공에 만족하지 않고 석유 생산, 선적, 도매 등 석유산업 전반에 걸쳐서 모든 경쟁자들을 제거하고 전 미국, 나아가서 전 세계 석유 시장을 장악할 계획을 세워나가기 시작했다. 그의 계획은 단순하게 경쟁 회사들과 기업 연합만을 꾀하는 것이 아니라 모든 것을 한 손에 움켜쥐는 것이었다.

록펠러는 2년에 걸쳐 차근차근 특유의 섬세함과 예지력을 가지고 세상의 움직임에 대해서 큰 것에서부터 작은 것에 이르기까지 빈틈이 검토해 보았고, 자신이 그 일에서 성공할 수 있음을 확신했다. 록펠러는 계획이 무르익자 특유의 추진력을 발휘하여 그것을 강력하게 추진할 수 있는 진용을 갖추기 시작했다.

그는 우선 자신의 계획을 뒷받침하기 위해 재정적으로 지원해줄 수 있는 튼튼한 투자자들을 확보했다. 그는 쉽게 투자금을 받아낼 수 있는 은행업자들과 철도 관련 업자들을 새로운 파트너들을 끌어들였다.

록펠러는 스탠더드 오일이 전 세계의 석유를 정유하게 될 것이라고 장담했고 그것을 실현시켰다.

마침내 스탠더드 오일은 정유 생산 능력에서뿐 아니라 석유통 제조, 운송 시설, 유조차 등 관련 설비를 자체 조달할 수 있는 거대 기업으로 성장하면서 미국 전체 정유의 10%를 지배하는 자본금 100만 달러의 작은 제국으로 발돋움했다.

록펠러는 당시를 회상하며 이렇게 말했다.

"그 아이디어를 낸 것은 바로 나였죠. 모든 계획은 머릿속에 명확하게 정리되어 있었어요. 결과적으로 내 계획은 옳았죠. 어떤 계획을 성공적으로 완수하는 것은 양심의 문제라고 생각했어요. 어떤 일을 매일 해야 한다면 똑같은 방법으로 되풀이할 것이고, 수도 없이 반복할 테니까 말입니다. 옳지 않은 일이라면 계획 자체를 하지 말아야 합니다."

록펠러의 최대 비판자였던 아이다 타벨도 당시 록펠러에 대한 인상을 이렇게 묘사했다.

"그는 깊이 생각하며 신중하고 말이 없는 사람이었다. 그는 언제 어디서든 가능한 기회뿐 아니라 가능한 위험까지 모조리 파악하고 있는, 말하자면 체스를 둘 때 자신의 패를 위협할 수 있는 수(手)의 조합을 샅샅이 연구하는 프로 기사와 같은 사람이었다."

통합과 집중

스탠더드 오일은 록펠러의 치밀한 플랜에 따라 원유 시추에서부터 정유 시설, 나아가서 운송과 유통을 장악하기 위한 전격적인 작전을 펼쳤다.

1872년 1월 1일, 스탠더드 오일은 클리블랜드와 여타 지역의 정유회사들을 매입하겠다는 역사적인 결정을 내렸다. 정확하게 말하자면 그 일은 1871년 12월에서 1872년 3월까지 석 달 동안 펼쳐졌는데, 클리블랜드의 27개 경쟁업체 중 3곳을 제외한 전부를 장악하는 데 성공했다.

록펠러는 수많은 정유업자들이 진정한 사업가가 아니라 유정(油井)이 묻혀 있는 땅만 쫓아다니면서 투기를 일삼는 사람들이라고 생각했고 그들에게 넌더리를 느꼈다. 운이 좋아서 석유가 나오는 땅을 사면 대박이고, 그렇지 못한 땅을 사면 쫄딱 망하고 패가망신하는 사람들의 모습은 그가 보기에 영 기분이 좋지 않았다. 그것은 사업이 아니라 투기꾼들의 난장판처럼 여겨졌다.

록펠러의 비판자들은 1872년의 사건을 '클리블랜드 대학살'이라고 비판하고 있지만, 록펠러는 클리블랜드 정유회사들을 인수한 데 대해 이렇게 말했다.

"우리 사업을 방어하기 위해서는 그렇게 할 수밖에 없었습니다. 석유 사업은 혼란에 빠진 상태였고 유가는 계속적으로 폭락해서 매일 점점 나빠지고 있었습니다. 우리가 한 일은 석유 사업의 발전을 위해 불가피한 조치였습니다."

록펠러는 더 나아가서 필라델피아 최대의 정유사인 애틀랜틱 정유사의 워든과 피츠버그 최대의 정유사인 로카트 프류 앤드 컴퍼니의 찰스 로카트 등 미국 전역의 대형 정유업자들을 자신의 계획을 실현시킬 협력자로 끌어들이는데 성공했다.

스탠더드 오일은 항상 가장 높은 가격을 불렀기 때문에 그들의 기업 인수, 합병 속도는 전광석화처럼 빠르게 이루어졌는데 그중 6개 회사는 단 이틀 만에 인수가 끝나기도 했다.

클리블랜드에서 독점을 달성하자 스탠더드 오일은 주변 지역을 장악해 들어가기 시작했다. 그들은 뉴욕에서 15개, 필라델피아에서 12개, 피츠버그에서 22개, '석유 지대'에서 27개 정유사를 흡수했고, 록펠러는 일생일대의 야망을 달성하기에 이르렀다. 계획대로 수월하게 기업인수에 성공할 때마다 록펠러는 만족스러운 미소를 지으며 말했다.

"우리 회사에 식구가 하나 더 생겼군!"

1877년에 이르러서 '석유 지대'와 필라델피아, 뉴욕, 피츠버그에서 스탠더드 오일에 맞설 정유사는 하나도 남지 않았다.

1878년 4월, 플래글러는 친구에게 보낸 편지에서 미국 전체의 정유능력이 연간 360만 배럴인데, 그중 330만 배럴을 스탠더드 오일이 정유하고 있다고 쓰고 있다. 1881년에 이르러 스탠더드 오일은 미국에서 생산되는 석유의 95%를 정유했고, 록펠러는 그야말로 세계를 지배하는 석유제국을 일구어 낸 장본인이 되었다. 시장 독점을 향한 록펠러의 꿈이 이루어진 것이다.

주도면밀한 그는 거기에 그치지 않았다. 그는 석유 수송에 필요한 파이프라인과 탱크차를 자체적으로 제작하기 시작하면서 미국 국내석유의 생산, 수송, 정제, 판매단계의 모든 작업을 관리·통제하는 시스템을 구축했다.

나아가서 록펠러는 자신의 승리를 보다 확고히 하기 위해 다른 여러 가지 조치를 취했다. 그중 대표적인 것은 목조 탱크 단점을 보완한 철제 유조차 개발이었다. 철제 유조차를 보유하기 시작하면서 스탠더드 오일은 철도회사와의 협상에서 더욱더 유리한 입장에 서게 되었다.

그러한 일련의 작업들은 그야말로 '통합과 집중'의 효과를 극대화시키는 작업이었고, 록펠러는 거기서 거의 완벽한 승리를 낚아 올렸다.

석유 수송까지 장악하자 록펠러는 곧이어 전국을 권역별로 분할하여, 해당 지역에 직접 스탠더드 오일의 석유 운반 마차를 들여보내기 시작했다. 이제 38세의 록펠러는 미국인들의 일반 가정에서도 흔히 입에 올리는 이름이 되었다. 미국 학계에서 스탠더드 오일의 최대 지지자였던 앨런 네빈스 박사는 록펠러를 이렇게 평가하고 있다.

"남북전쟁 이후 무수한 사람들이 진출한 까닭에 과잉생산으로 정유산업은 끝없는 나락으로 추락하고 있었다. 과잉공급을 억제하고 산업에 질서를 부여하기 위해서는 통폐합을 통한 독점 체제가 대두할 수밖에 없는 실정이었다. 스탠더드 오일은 그러한 역할을 수행한 것이고, 그들의 역할이 없었다면 석유산업은 계속해서 과잉공급과 그에 따른 가격 인하로 고통을 겪었을 것이고, 한물간 사업으로 몰락했을 것이다. 록펠러 또한 스탠더드 오일이 강력한 기업으로 대두한 까닭에 석유산업 발전 초기 단계에서 규모의 경제를 실현할 수 있었다고 믿었다."

그런 의미에서 록펠러는 20세기 말에 유행한 '선택과 집중'의 경영전략을 이미 100년 전에 구사한 기업가로 기록되고 있다. 그는 훗날 사업에서 은퇴하여 여러 곳에 투자를 하기는 했지만 사업가로서 한창 활동을 할 때는 오로지 석유 하나만을 생각하고 그와 관련된 사업에만 신경을 썼다. 그것은 전혀 연관성이 없는 분야를 개척하는 것은 성공 가능성이 없다는 판단 때문이었다. 그래서 스탠더드 오일은 석유와 관련이 없는 분야에는 단 1센트도 투자하지 않았다.

이러한 선택과 집중 전략이 성공함에 따라 스탠더드 오일은 부산물로 300여 종류의 석유제품을 개발하는 성과를 거두었다. 당시 미국은 도로 건설이 한창이었는데, 그들은 도로 건설에 필요한 타르와 아스팔트를 개발해서 공급하기 시작했고, 기계와 기차에 필요한 윤활유를 제조하여 판매했다. 스탠더드 오일은 그 밖에도 양초, 성냥, 페인트, 바세린, 심지어 훗날 미국인의 상징이 되다시피 한 껌을 개발해서 판매하기도 했다.

스탠더드 오일은 미국의 거의 모든 원유 시추와 정유 그리고 각종 유류 유통 시장을 장악했으며, 세계 전역에서 이루어지는 대부분의 원유 무역을 점령했다.

그 무렵 미국 내에서는 한 기업이 지나치게 많은 비중을 차지하고 무섭게 성장하며 거대한 기업으로 커가자 우려와 시기하는 목소리가 커지기 시작했다. 록펠러는 그러한 소리에 끄덕도 하지 않았다. 아내가 비판적인 여론에 대해 걱정하자 록펠러는 이런 편지를 보냈다.

당신의 남편은 항상 정의롭고 올바른 편에 서서 일한다는 사실을 잊지 말아요. 나는 한번도 양심에 어긋나는 일을 해본 적이 없소. 때로 인생에서 성공하는 사람은 시대를 앞서가는 탓에 비난을 받을 수도 있는 것이오.

나는 나를 비난하는 사람들을 대할 때도 기쁨을 잃지 않으려 하오. 그리고 설사 어려움이 닥친다 해도 내 신념을 포기하지 않으려고 노력하고 있소.

그는 또한 하나님이 자신과 함께 하고 있음을 확신했다.

"나와 하나님 사이에는 의(義)만 있을 뿐이오."

그는 자신의 사업에 대한 확고한 신념이 있었기에 꿈을 실현했다. 그는 하나님의 사랑은 우리들을 시련으로부터 보호하는 사랑이 아니라, 시련 가운데서 우리를 항상 지켜주는 사랑이란 것을 믿는 사람이었다.

록펠러는 하나님을 풍요로운 부의 축복을 내려준 스탠더드 오일의 명예 주주이자, 자신의 강력한 동맹으로 생각했다. 청교도적 사상을 지니고 있던 록펠러에게 기독교와 자본주의는 완벽한 혼연일체였다. 그는 부와 덕을 함께 갖추길 원했으며, 자신이 벌여나가는 사업은 신이 허락한 것임을 믿어 의심치 않았다. 록펠러는 확고하게 자신이 천사 역할을 하고 있다고 믿은 사업가였다. 그에게 있어서 석유 사업은 시추 과정에서부터 정유 과정에 이르기까지 종교적 신비에 둘러싸인 사업이었다. 언젠가 록펠러는 이렇게 말했다.

"모든 과정이 마치 기적 같았습니다. 인류에게 석유가 얼마나 큰 축복입니까!"

그때까지 미국의 대부분의 가정에서는 고래기름으로 램프의 불을 밝혔는데 석유가 고래기름을 대체하기 시작했으며 각 가정은 유사 이래 가장 밝은 밤을 맞이할 수 있었다. 록펠러와 그의 파트너들은 '빛의 전도사'로서 자부심이 가득했다. 더구나 차츰 산업 현장에서도 석유가 쓰이기 시작함으로써 스탠더드 오일의 사업은 전 세계를 향해서 날개를 단 듯 뻗어 나가기 시작했다.

스탠더드 오일의 석유 사업 독점 체제에 대해서 많은 비판이 있는 것이 사실이다. 하지만 록펠러가 업계에서 물러나고 난 후에도 많은 경제학자들은 당시와 같은 특정 상황에서는 트러스트가 미국 경제 전반에 걸쳐서 유익하게 작용했다는 점을 인정했다.

어쨌거나 록펠러의 기적과 같은 성공은 경제학 교과서를 다시 쓰게 만들었고, 훗날 많은 기업가에게 전범(典範)이 되었다. 록펠러는 자신의 전기 작가에게 이렇게 말했다.

"우리에게는 꿈이 있었소. 그때 우리는 석유산업의 엄청난 가능성을 보았고, 그 중심에 서 있었다는 것을 알고 있었소. 우리는 우리가 가지고 있는 지식과 상상력, 경영 경험을 모두 동원하여 10배, 20배, 30배로 열매 맺었다오."

이것이 곧 적게 심는 자는 적게 거두고 많이 심는 자는 많이 거둔다 하는 말이로다. 각각 그 마음에 정한대로 할 것이요 인색함으로나 억지로 하지 말지니 하나님은 즐 겨내는 자를 사랑하시느니라.

〈고린도후서 9장 6~7절〉

18. 산업계의 나폴레옹

행복으로 가는 길은 단순한 두 원리에 있다.
자신에게 흥미를 불러일으키는 것,
그리고 자신이 잘 해낼 수 있는 것이 무엇인지 알아내라.
그것이 무엇이지 알았으면, 모든 정신, 에너지, 야망,
타고난 능력을 거기에 쏟아 부어라.
- 록펠러

성경에 나오는 이집트의 석유

거대한 트러스트의 성립에 성공한 록펠러에게는 '산업계의 나폴레옹' 이라는 명성이 따라다니기 시작했다. 스탠더드 오일 트러스트의 놀라운 장악력과 주도적인 파워는 믿을 수 없을 만큼 치밀하고 교묘한 계획의 결과였다.

그런데 더욱 놀라운 것은 그것을 실행하는 과정에서 보여준 스탠더드 오일 직원들의 뛰어난 자질이었다. 그들은 강한 개성과 균형 잡힌 감각의 소유자들로서 록펠러가 제시한 '스탠더드 오일 정신' 의 구현에 앞장섰다.

이 새로운 시대의 주역들은 20세기에 새로 등장한 중간관리자 계층에 속했으며 스탠더드 오일이 가진 기술적, 지리적, 산업적 이점을 최대한으로 발휘하여 스탠더드 오일을 세계적인 기업으로 키워냈다. 그들은 록펠러의 계획을 확고하게 실천하는 동인이 되었다. 록펠러는 특유의 비범한 성실함으로 그들에게서 변함없는 충성을 받아냈고 새

로운 유형의 '회사인간' 들이 전 세계를 누비기 시작했다.

스탠더드 오일이 한창 해외시장을 개척할 때의 일이다.

스탠더드 오일의 임원 중에 신앙심이 아주 깊은 사람이 있었다. 그는 성경을 읽다가 갑자기 머릿속에 번쩍 번갯불이 스치는 듯함을 느끼고 자리에서 벌떡 일어났다. 그는 〈출애굽기 2장 1~3절〉을 읽고 있던 중이었다.

"레위 족속 중 한 사람이 레위 여자에게 장가들었더니 그 여자가 잉태하여 아들을 낳아 그 준수함을 보고 그를 석 달 동안 숨겼더니 더 숨길 수 없이 되매 그를 위하여 갈 상자를 가져다가 역청과 나무진을 칠하고 아이를 거기 담아 하숫가 갈대 사이에 두고"

그는 무엇에 홀린 것처럼 그 구절을 다시 한번 읽었다. 그의 눈은 '역청' 이라는 글자에 못 박혀 있었다. 역청은 영어로 피치(pitch)라고 하는데 피치는 바로 석유의 일종이 아닌가!

순간, 그는 무릎을 '탁' 쳤다.

"바로 그곳에 석유가 있다! 그곳에 석유가 있어!"

그는 자리에서 일어나서 펄쩍펄쩍 뛰면서 외쳤다.

다음날 그는 곧바로 지질학자가 포함된 조사단을 이집트로 보내어 현지 조사를 시작했다. 얼마 지나지 않아서 조사단은 성경에 기록된 장소에서 엄청난 규모의 유전을 발견했다. 이 이집트의 유전이 스탠더드 오일의 세계 시장 개척에 아주 큰 역할을 한 것은 두말할 것도 없다.

이 외에도 스탠더드 오일 직원들의 뛰어난 자질은 곳곳에서 발휘되었다.

무엇보다도 록펠러는 권한위임이라는 최고의 경영기법을 사용할 줄 아는 천재적 능력의 소유자였다. 그는 스탠더드 오일이라는 거대한 조직을 편성하면서 모든 일에 걸쳐서 권한을 위임했다. 록펠러는 탁월함을 추구하는 완벽주의로 부하 직원들을 독려했다. 그는 한 신입사원에게 이렇게 말했다.

"자네, 우리 회사의 규칙에 대해 들었나? 못 들었다고? 그것은 다른 사람을 시킬 수만 있다면 자네는 아무 일도 안 해도 된다는 게 우리 회사의 규칙이야. 그러니까 자네는 가능한 한 빨리 믿을 만한 사람을 찾아내서 자네 일을 대신할 수 있도록 훈련시키게. 그런 다음 자네는 편하게 앉아서 회사가 수익을 낼 수 있는 방법을 궁리하면 되는 거야."

권한이양을 통해 탁월함을 추구하는 록펠러의 열정은 회사 전체로 퍼져 나갔다. 스탠더드 오일의 신조 중 첫째가 부하 직원에게 자신이 하고 있는 일을 대신 할 수 있게 훈련시키라는 것이었다. 점차 세계 각지로 퍼져나가는 스탠더드 오일의 운영 기풍에는 이 같은 록펠러의 성격이 크게 반영되었다.

그 결과 록펠러는 복잡하고 세세한 행정 업무에서 벗어나 보다 많은 자기만의 시간을 가질 수 있었고, 그 시간을 광범위한 정책 결정에 할애할 수 있었다. 그 덕분에 록펠러는 정책 문제에 대해 책임지고 트러스트에 대한 이론적 기반을 정립할 수 있었다.

스탠더드 오일이란 거대 제국을 만들어 낸 록펠러였으나 사업에서 기술적 지식이 갖는 중요성은 경시하는 편이었다. 그는 스탠더드 오일에 많은 기술혁신을 도입하려고 노력하지 않았다. 그는 이렇게 말했다.

"나는 석유 사업을 하는 데 화학 지식이 필요하다고 생각한 적은 없습니다. 한번도 그 필요성을 느끼지를 못했어요. 석유 사업에서 성공하고자 한다면 화학이나 물리는 배울 필요가 없습니다. 그 방면에 뛰어난 과학자들을 고용하면 되는 것이죠."

그대신 록펠러는 매일같이 쏟아져 들어오는 제안들을 빈틈없이 검토하는 역할을 수행했다. 그리고 앞에서 살펴보았듯이 면밀한 관찰력의 소유자답게 석유통 하나를 용접하는 데서도 무한한 개선의 여지를 발견했고, 회사 내부에 끊임없이 개선하는 분위기를 조성했다. 그는 현장주의자이기도 해서 주머니에 작은 빨간색 수첩을 넣고 다니면서 개선점을 메모하곤 했다. 스탠더드 오일의 간부들은 그가 현장에 나타나서 빨간 수첩을 꺼내 들면, 이마에서 식은땀을 흘리기 일쑤였다.

록펠러에게는 아버지 빅 빌의 체취가 느껴질 때가 이따금 있었는데 경영을 하는 데서도 아버지가 아들들에게 사용한 방법을 구사하곤 했다.

"직원들을 발전시키는 가장 좋은 방법은 자유방임이라고 할 수 있을 겁니다. 아, 물론 그들이 인품과 능력을 갖췄다는 확신이 들었을 경우에 말이죠, 나는 그들을 깊은 곳에 데리고 가서 빠뜨린 후에 가라앉든 헤엄치든 내버려둡니다. 그러면 그 사람은 그 다음에 절대로 실패하지 않습니다."

록펠러의 권한이양 방법은 처음에는 철저한 시험을 해서 그것을 통과하고, 일단 신뢰하게 되면 막대한 권한을 부여했으며 심각한 오류가 발생하지 않는 한 간섭하지 않는 것이었다. 이집트에서 유전을 발견한 사람이 스탠더드 오일에서 아주 큰 역할을 맡게 된 것은 지극히 당연했다.

위대한 정복자

록펠러는 다른 정유소를 폐기하기 위해서 사들이는 전략을 구사했다. 이것은 일반인들로서는 거의 이해가 되지 않는 전략이었다. 그가 인수한 업체 중에서는 거의 수익성이 없는 낡은 시설이거나 불량품을 생산하는 정유소가 많았는데, 록펠러는 거액의 돈을 들여서 이 업체들을 인수했다. 훗날 록펠러는 한 기자에게 이렇게 말했다.

"그들은 회사를 팔고 돈을 챙기면서 내가 바보짓을 한다고 비웃었지요."

그러나 석유 하나로 세계를 제패한다는 록펠러의 원대한 꿈은 그들의 비웃음에도 아랑곳하지 않았다. 록펠러는 다른 회사를 인수할 때 시종 신사적인 태도를 견지했다. 그는 상대방의 어떤 불만도 수용했고, 여의치 않으면 합병을 취소하기까지 했다. 그는 비서에게 항상 이런 말을 했다.

"우리의 일은 양측 모두에게 돈을 벌 수 있는 기회를 주는 것이어야 해."

록펠러는 자신을 일종의 구원자로 생각했다. 그는 이런 말을 한 적이 있다.

"스탠더드 오일은 하늘에서 내려와 '구원의 방주에 올라타시오'라고 말하는 자비의 천사와 같다."

록펠러는 자신의 목적을 달성하는 데에 천부적인 설득력을 지니고 있었다. 그는 라이벌의 무릎을 두드리거나 제스처를 취해가면서 솔직하게 말하는 쪽을 선호했다. 한 정유업자는 록펠러에 대해 이렇게 말했다.

"그는 자신과 동료들이 석유 사업에 관한 한 누구보다도 뛰어난 식견과 지도력을 지닌 사업가였습니다. 나는 그렇게 자신감이 충만한 사람을 본 적이 없습니다. 앞으로도 그런 사람은 찾아보기 힘들 겁니다."

1879년 7월 8일, 마흔 살이 된 록펠러는 이미 미국의 20대 부호가 되었다. 그는 석유 운송의 가장 중요한 동력이었던 철도에서 눈을 돌려 보다 탁월한 대체 수단에 관심을 쏟았다. 그것은 바로 송유관이었다. 그리고 1870년대 후반에 그는 미국의 거의 모든 정유소와 송유관을 장악했다. 또한 석유 사업의 미래를 확신한 그는 유전이 고갈될 것이란 비관론은 들은 척도 하지 않고 수천 개의 유정에서 원유를 끌어 올려 석유탱크나 철도역으로 이송하는 전체 송유관 시스템에 연결했다.

스탠더드 오일의 정보망은 거미줄처럼 퍼져 있어서 어떤 시추업자가 석유를 발견하면 곧바로 그들과 계약을 맺고, 그 유정을 순식간에 자사 송유관에 연결했다. 그것은 서로 '윈윈' 하는 게임이어서 시추업자는 울며 겨자 먹기로 스탠더드 오일의 멤버가 될 수밖에 없었다.

록펠러는 로마의 위대한 정복자처럼 적을 아군으로 만들어 내는 재능을 가지고 있었다. 그는 인수한 업체의 사장이나 주역들에게 스탠더드 오일의 주식을 나누어주었고, 어떤 이들에게는 회사 중역 자리도 내주었다. 스탠더드 오일이 거둔 성공은 점차 세인들의 관심을 끌었으며, 전설과도 같은 이야기가 되었다.

예컨대 이 거대한 트러스트의 성공은 록펠러의 믿을 수 없을 만큼 정교한 계획의 산물이었고, 록펠러는 이로써 재계의 나폴레옹이라는 명성에 걸맞은 신화를 써나갈 수 있었다. 스탠더드 오일의 신화는 그의 놀라운 성실함, 그리고 몇 수 앞을 내다보는 비범한 재주가 만들어 낸 산물이었다. 그는 비범한 대처 능력을 갖고 있었으며 선택의 기로에서 뛰어난 판단력을 발휘하면서 산업계를 주도해 나갔다.

록펠러는 스탠더드 오일의 사업 독점에 대한 비난에는 귀를 기울이지 않았고, 자신의 정당성을 믿어 의심치 않았다. 법원에서는 이러한 트러스트의 존재를 파악하지도 못했고, 그래서 금지하지도 못했다. 스탠더드 오일의 트러스트가 성공하자 다른 업종에서도 트러스트가 조직되기 시작했다.

훗날 록펠러는 전기 작가에게 자신이 창안한 트러스트에 대해서 자랑스럽게 이야기했다.

"나는 전 세계의 경영 방식에 일대 혁신을 가져왔습니다."

스탠더드 오일의 회사 규모가 상상할 수 없을 정도로 커지자 록펠러는 회사를 더 강력하게 관리할 필요성을 느꼈다. 그는 회사의 구조 조정에 들어갔고 53개였던 정유소를 22개로 대폭 축소하면서 불필요한 인력을 줄여나갔다. 또한 그는 직원들에게 새로운 사업 아이디어를 모집해 성공할 경우 포상을 주는 '사원 제안 제도'를 창안하기도

했다

록펠러가 스탠더드 오일을 경영하는 데 발휘한 초인적인 힘에 대해서 스탠더드 오일의 최고 경영진 중 한 명인 에드워드 베드포드는 이런 말을 했다.

"록펠러는 진정한 의미의 슈퍼맨이었습니다. 그는 항상 경영 시스템의 광범위한 변혁을 꿈꾸었으며, 난관에 부딪혔을 때도 자신의 이상을 실천으로 옮기는 인내와 용기, 대담함을 가지고 있었습니다. 자신의 목표에 대한 굳은 신념, 불굴의 의지는 그를 정말 놀라운 사람으로 만들었습니다."

록펠러는 지배하되 군림하지 않는 방식으로 제국을 통치했다. 그는 신속하게 권한을 위임하고 눈에 띄지 않는 방법으로 영향력을 행사했다. 그는 이사회에서도 별만 말을 하지 않았고 주로 경청하는 편이었다. 그러나 그가 조용할수록 그의 존재는 더욱 돋보이고 강력한 카리스마를 내뿜었다.

"이사회에서 사람들이 흥분하여 욕설을 해대며 위협적인 제스처를 취할 때도 록펠러는 예의를 갖춤으로써 계속해서 회의 분위기를 압도했지요."

록펠러는 늘 부드럽고 온화한 표정을 짓고 있었고 사소한 일에는 흔들리지 않는 타고난 신비감을 발휘하는 존재였다. 훗날 록펠러에게서 스탠더드 오일의 사령탑을 물려받은 존 아치볼드도 록펠러에 대해서 이렇게 말하고 있다.

"록펠러는 항상 우리보다 몇 발자국 앞서 있었습니다. 우리가 따라가려 애쓰는 동안 그는 이미 또 다른 목표점을 찾고 있었죠."

록펠러가 이처럼 '보이지 않는 실로 꼭두각시를 부리듯' 제국을 움직일 수 있었던 것은 바로 '장부의 힘' 때문이었다. 어릴 때부터 수학에 소질이 있었던 록펠러는 숫자를 지배함으로써 각양각색의 체계를 공통 표준으로 통일할 수 있었다.

그는 "나는 숫자에 의해, 오직 숫자에 의해서만 행로를 정했다"라고 말하면서 가혹한 숫자의 평결을 주저 없이 받아들였다. 록펠러가 통신 시설도 미미하고 기록 보관 수단이 원시적인 수준이었던 19세기 후반에 막대한 양의 데이터를 능란하게 통합하지 않았다면 분권화된 제국을 다스릴 수 없었을 것이다.

한 마디로 말해서 록펠러의 리더십은 타고난 선견지명 능력과 빼어난 '장부의 힘'이 가지는 중요성을 간파한 덕분이라고 할 수 있다. 장부는 록펠러에게 여러 가지 운영 방식의 성과를 비교할 수 있는 객관적인 척도를 제공했고, 부하 직원들의 그릇된 주장을 반박할 수 있는 증거를 제시해 주었다. 바로 이런 방식을 통해 록펠러는 최상부에서부터 말단 직원에 이르기까지 조직 전체에 합리성을 확산시킬 수 있었다. 스탠더드 오일이라는 세계에서는 모든 비용이 소수점 아래 몇 자리까지 정확하게 계산되었다.

그러나 한 가지 간과해서는 안 될 사실이 또 있다.

빼어난 '장부의 힘' 덕분에 스탠더드 오일은 독점적 위치에 올랐지만, 록펠러는 석유 가격을 마음대로 올리지 않았다. 오히려 그는 잠재적 경쟁자들을 키우지 않기 위해서 항상 저렴한 가격으로 석유를 공급했다. 록펠러는 석유 가격이 최저 가격의 1/4로 떨어졌을 때 면밀한 연구 끝에 정유 비용을 1/7 이하로 줄여서 문제를 해결하기도 했다.

록펠러는 이런 점에서 당대의 고압적인 경영자들보다는 현대의 CEO와 더 닮았다고 할 수 있다.

마침내 스탠더드 오일 직원들은 미국 국내뿐만 아니라 전 세계를 누비기 시작했다. 그들은 말이 끄는 마차나 소, 낙타로 석유를 배달했는데, 여의치 않으면 걸어서라도 석유를 공급했다. 록펠러는 등유 생산에 그치던 기존의 원유산업을 변혁시켜 20세기의 주 에너지원이 되는 신기원의 사업을 창조한 것이다.

다만 이뿐 아니라 우리가 환난 중에도 즐거워하나니 이는 환난은 인내를, 인내는 연단을, 연단은 소망을 이루는 줄 앎이로다

〈로마서 5장 3~4절〉

19. 가장 가정적인 억만장자

큰 부자가 항상 행복하리라고 믿는 것은 잘못된 생각이다.

-록펠러

몸에 배인 근검절약 정신

36세가 되었을 때, 록펠러는 이미 수백만 달러를 지닌 부자였다. 그는 클리블랜드의 신흥 부촌인 유클리드 거리의 커다란 저택에 살고 있었고, 클리블랜드 외곽의 이리 호수가 내려다보이는 포리스트 힐에 700에이커나 되는 농장을 겸한 별장을 소유하고 있었다.

하지만 록펠러 가족의 생활은 다른 재벌들인 제이 굴드나 프릭, 모건 가의 사람들처럼 호화찬란하지 않았다. 당시 미국 사회에는 골드러시, 남북전쟁, 오일러시 등의 변혁을 겪으며 갑자기 벼락부자가 된 졸부들이 사치스럽고 향락적인 생활에 빠져들어서 사회적인 지탄을 받고 있었다. 하지만 록펠러는 그들과는 아주 다른 점잖고 기품 있는 검소한 생활로 일관하고 있었다.

록펠러는 세계에서 가장 큰 부자가 되어가고 있었지만 평생 동안 함부로 돈을 쓰는 것을 용납하지 않았다. 그는 몸소 포장지를 재활용해서 쓸 만큼 아껴 썼으며 자신은 물론 가족들에게도 근검절약의 정신을 강조했다. 그것은 어려서부터 어머니로부터 받은 하나님 중심의 신앙 교육 때문이었다.

훗날 록펠러를 연구한 사람들은 록펠러가 세계 최고의 부를 이룰 수 있었던 것은 신앙 중심의 가정교육에 있었다는 데 공통된 의견은 내놓고 있다. 록펠러의 자서전에도 어떻게 그렇게 성공할 수 있었느냐고 묻는 기자의 말에 그는 이렇게 대답하고 있다.

"나는 어린 시절부터 어머니의 근검절약 정신, 특히 노력하는 삶의 자세를 많이 이어받았습니다. 나는 학교에 들어가기 전부터 십일조 헌금을 하나님께 드려야 한다는 것을 어머니로부터 귀가 닳도록 들었고, 한번도 십일조 드리는 것을 빼먹지 않았습니다. 어머니의 생활 방식이 곧 나의 방식이 된 것입니다."

그렇다고 록펠러가 지나치게 구두쇠 노릇을 한 것은 아니었다. 그의 가족은 지나치지 않을 정도로 유복한 생활을 하고 있었다. 포리스트 힐의 별장은 수십 개의 방이 있었고, 베란다와 여기저기 솟아 있는 작은 탑에 다소 사치스러울 정도의 장식을 하기도 했다. 하지만 록펠러는 그곳에 호사스런 가구를 거의 들여놓지 않았다. 다만 나무를 다시 심어 멋진 조경을 만들어 냈고, 인공 호수를 만들어서 동네 아이들이 겨울에 스케이트를 탈 수 있게끔 했다. 록펠러는 사람들과 어울리는 것을 별로 좋아하지 않았지만, 때때로 친척이나 친구들, 교회 목회자들을 초청하여 파티를 열기도 했다.

록펠러는 누구보다도 가정적인 사람이었다. 회사 일이 끝나면 곧장 집으로 돌아와 가족과 함께 시간을 보냈으며, 회의 중에 어머니가 아프다는 소식을 듣고는 회의를 그만두고 집으로 달려가는 효자이기도 했다.

　록펠러는 〈에베소서 6장〉의 가르침에 따라 자녀들을 대하고 가르쳤다.

　"자녀들아 주 안에서 너희 부모에게 순종하라 이것이 옳으니라 네 아버지와 어머니를 공경하라 이것은 약속이 있는 첫 계명이니 이로써 네가 잘되고 땅에서 장수하리라 또 아비들아 너희 자녀를 노엽게 하지 말고 오직 주의 교훈과 훈계로 양육하라 종들아 두려워하고 떨며 성실한 마음으로 육체의 상전에게 순종하기를 그리스도께 하듯 하라 눈가림만 하여 사람을 기쁘게 하는 자처럼 하지 말고 그리스도의 종들처럼 마음으로 하나님의 뜻을 행하고 기쁜 마음으로 섬기기를 주께 하듯 하고 사람들에게 하듯 하지 말라 이는 각 사람이 무슨 선을 행하든지 종이나 자유인이나 주께로부터 그대로 받을 줄을 앎이라"

　훗날 록펠러 2세는 아버지의 가정적인 모습을 이렇게 회상했다.

　"어머니는 언제나 아버지 옆자리에 앉아 계셨습니다. 아버지가 할머니의 손을 다정하게 잡고 계시던 모습을 뚜렷이 기억할 수 있어요. 아버지는 우리 곁에 함께 계셨죠. 우리에게 수영, 보트놀이, 스케이트, 말타기 등을 가르쳐 주셨어요. … 포리스트 힐에서 함께 숲속을 산책하거나, 자전거 타는 걸 배운 뒤부터는 함께 달빛을 받으며 나무 사이를 달리곤 했죠."

　포리스트 힐에서의 휴식은 록펠러에게도 좋은 추억을 남겨준 모양이었다. 그는 그곳에서 여름을 휴가를 보내며 아들에게 이런 편지를 썼다.

정말 조용한 전원생활이구나. 마치 예전의 나의 어린 시절로 돌아간 것 같다.

록펠러 부부는 따스한 가족애의 시간이 보내는 한편 여전히 교회 활동과 시민 모임에 열심히 참여했다. 하지만 그는 사교적인 모임이나 파티, 클럽 활동은 불필요하다고 생각했다. 그는 어머니로부터 꼼꼼하고 고지식한 성격과 도덕률을 주입받은 탓에 오락과 춤은 비도덕적이라고 생각하고 있었고, 사치와 향락 쪽에는 전혀 관심이 없었다. 오로지 사업과 가족, 그리고 신앙생활에만 신경을 쓴 록펠러는 이렇게 이야기했다.

"나는 평생 가정생활만으로도 아주 만족했습니다."

평범한 사생활

억만장자가 된 록펠러였지만 사생활은 거의 변한 게 없었다. 다른 재벌들처럼 미술품을 수집한다거나 사치스런 식기 세트를 사용하는 생활을 하지 않았다. 오히려 그는 사업이 번창함에 따라 일에 파묻혀서 지내는 시간이 많아진 것을 고통스럽게 여기기까지 했다.

록펠러는 집안에 머물고 있을 때 가장 큰 행복을 느꼈지만, 스탠더드 오일이 세계적인 기업으로 성장함에 따라 가족들과 보내는 시간이 점점 줄어들었다. 그는 점점 출장이 많아졌고 집을 비우는 일이 잦았다. 그가 세우고 있는 제국은 그에게 더 많은 시간과 노력을 바치도록 요구했던 것이다.

하지만 권한위임 경영에 성공하기 시작한 록펠러는 서서히 외부에 대한 관심을 끊고 회사 경영과 가정생활에만 몰두했다. 록펠러는 사람들이 자신이 일에 미친 '워커홀릭'이라고 말하는 것을 듣고 코웃음을 쳤다. 사람들은 그가 사업에서 보여준 모습대로 기계적인 삶을 살고 있다고 생각했지만, 그 자신은 그렇게 살지 않았다. 그는 회고록에 이렇게 썼다.

"나는 돈 자체를 목적으로 삼아 깨어 있는 시간을 전부 돈 버는 일에 쏟아붓는 사람이야말로 가장 비루하고 불쌍한 존재라고 생각합니다."

사실 그는 회사의 다른 많은 중역들보다 여유로운 시간을 가질 수 있었다. 훗날 그가 100세 가까운 장수를 하면서 밝혀진 일이지만, 그는 매일 점심 식사 후에는 30분 정도 낮잠을 즐겼으며, 일주일에 사나흘은 오후 내내 집에 머무르며 나무를 심고 정원을 가꾸며 아이들과 놀이를 즐기며 살았다.

최고경영자인 록펠러는 보통 사람과 같은 방식으로 휴식을 취할 필요도 없었고, 술과 여자를 멀리한 탓에 자연히 가정적인 가장이 될 수 있었다. 그러나 그는 신앙생활, 가정생활, 운동 등의 일정으로 빽빽하게 짜인 계획적인 생활을 했다.

록펠러는 늘 침착하고 차분한 태도를 보이려 노력했지만, 석유제국을 건설하는 과정은 엄청난 긴장의 연속이었고 스트레스에 시달릴 수밖에 없었다. 그는 일과 휴식을 적절히 배합한 생활을 함으로써 페이스를 조절하고 생산성을 늘려나갔다.

"너무 많은 것을 시도하거나 서두르지 말고 한결같은 페이스로 나아간다면, 우리는 놀랍도록 많은 것을 해낼 수 있습니다."

앞으로 살펴보겠지만 록펠러는 50대 중반에 건강상의 위기를 한번 맞이하게 되는 데, 그 위기를 극복한 이후 그는 건강에 관련된 복음을 설파하는 전도사가 되었다. 훗날 록펠러는 장수의 비결에 대해 이렇게 설명했다.

"내가 지금까지 살아있는 건 꾀를 부렸기 때문입니다. 남들보다 적게 일하고 야외에서 오랜 시간을 보내며 햇볕과 운동을 즐긴 덕분이지요."

어느 날 록펠러는 일이 예상보다 늦게 끝나서 며칠째 뉴욕에서 머물게 되었다. 록펠러는 오래전부터 등유 수출이 활발하게 이뤄지는 뉴욕에 매료되어, 그곳에서 업무를 보는 일이 잦았다. 그는 사업에 관한 한 집념이 강하고 고집스러운 성격으로 알려져 있지만, 그러한 그도 냉정한 자본가 사회에서 겪는 고뇌와 번민을 클리블랜드에 있는 아내에게 이렇게 표현하는 편지를 보냈다.

나는 지금 어느 때보다 더 마음이 괴롭소. 일은 지지부진하게 결말을 보이지 않고 있고, 사람들은 나를 힘들게 하고 있다오.
나는 세상이 거짓과 감언이설, 협잡과 기만으로 가득한 것을 정녕 이해할 수가 없소. 어서 빨리 돌아가고 싶소.
우리 집이야말로 내가 편히 쉴 수 있고, 험난한 세상을 피해서 있을 수 있는 유일한 안식처라오.

1883년 말, 록펠러는 뉴욕으로 이사를 해야만 했다. 석유 수출이 활발히 이뤄지면서 동부해안 지역 정유소로 많은 양의 원유가 흘러들었고, 뉴욕항은 장거리 송유관의 종착점이 되었다. 수출 붐에 힘입어 스탠더드 오일은 브루클린과 베이온, 필라델피아, 볼티모어에 많은 정유소를 세웠다. 보다 원활한 사업 운용을 위해서 본사의 뉴욕 이전은 불가피했다.

록펠러 집안은 뉴욕으로 이사를 하면서 좀 더 수준 높은 생활을 하기 시작했다.

록펠러가 맨해튼에 새로 구입한 저택은 지은 지 20년 된 4층 집이었다. 그 집은 외부 경관이 아주 소박해 보였지만, 내부는 화려한 벨벳과 터키와 일본 등지에서 수입한 멋진 그림으로 치장되어 있었고, 개인 엘리베이터까지 설치되어 있었다. 록펠러는 이 집의 내부를 바꾸지 않고 그대로 사용했다. 록펠러의 집 부근에는 동생 윌리엄 록펠러와 플래글러 등 스탠더드 오일의 임원 세 명이 살고 있었다.

록펠러 가족들은 종종 가족 모임을 가졌고, 5번가에 있는 침례교회에 다녔다. 록펠러는 그곳에서도 교회의 재정을 맡았고, 아내와 딸들, 그리고 록펠러 2세는 주일학교에서 교사로 봉사 활동을 했다. 록펠러 가족은 가끔씩 교회 사람들과 사업상 친구들을 초청해서 파티를 열기도 했지만, 맨해튼의 사교 모임에는 거의 참석하지 않았다.

대신 록펠러는 기분 전환을 위한 여행을 즐겼다. 그는 뉴욕으로 이사한 후, 아내의 건강이 나빠지기 전까지 10여 년간을 가족들과 함께 옐로우 스톤, 캘리포니아, 알래스카, 유럽 등 여러 곳을 여행했다.

이 여행에는 보통 주치의인 비거 박사와 매일 성경공부를 인도할 목사가 동행했다. 그는 가이드의 도움으로 현지인 사람들에게 이것저것을 물어보는 것을 매우 좋아했다. 여행 중에도 일요일이면 어김없이 근처 교회에서 예배를 드렸고, 설교에 감동을 받을 때면 상당한 액수의 헌금을 내기도했다. 하지만 철저한 자본주의자였던 록펠러는 거지를 보면 쫓아버렸다.

1888년, 록펠러가 프랑스 여행을 하고 있을 때의 일이다. 한 음식점에서 프랑스어로 된 영수증을 꼼꼼히 살펴보다가 물었다.

"포울레? 포울레가 무슨 뜻인가?"

록펠러가 가이드에게 묻자, 가이드는 닭고기라고 말해주었다. 그러자 록펠러는 함께 식사한사람들이 먹은 닭다리 수와 계산서를 맞춰보았다. 프랑스든 미국이든 어디서나 닭다리는 둘뿐이기 때문에….

우리가 어디로 갈꼬 우리의 형제들이 우리로 낙심케 하여 말하기를 그 백성은 우리보다 장대하며 그 성읍은 크고 성곽은 하늘에 닿았으며 우리가 또 거기서 아낙 자손을 보았노라 하는 도다. 하기로 내가 너희에게 말하기를 그들을 무서워 말라 두려워하지 말라 너희 앞서 행하시는 너희 하나님 여호와께서 애굽에서 너희를 위하여 너희 목전에서 모든 일을 행하신 것같이 이제도 너희를 위하여 싸우실 것이며 광야에서도 너희가 당하였거니와 사람이 자기 아들을 안음같이 너희 하나님 여호와께서 너희의 행로 중에 너희를 안으사 이곳까지 이르게 하셨느니라. 하나 이 일에 너희가 하나님 여호와를 믿지 아니하였도다. 그는 너희 앞에 행하시며 장막 칠 곳을 찾으시고 밤에는 불로, 낮에는 구름으로 너희의 행할 길을 지시하신 자니라

〈신명기 1장 28~33절〉

20. 아내의 자녀교육

> 오늘날의 여러 가지 사정을 떠나 인간성 그 자체로 생각해 볼 때,
> 부모가 된다는 것은 인생이 제공하는 최대의,
> 그리고 가장 영속적인 행복을 심리적으로 줄 수 있다.
> -버트란트 러셀

시어머니를 닮은 며느리

록펠러의 아내 로라는 많은 점에서 록펠러의 어머니를 닮은 사람이었다.

1872년에 찍은 로라의 사진을 보면 작고 연약한 체격의 소유자였다. 그녀는 가냘프고 연약해 보였지만 깊고 진지한 눈빛을 갖고 있었으며 강한 의지력을 발휘하여 모든 지성과 정열을 바쳐 그리스도의 삶을 본받는 생활에 임했다.

록펠러는 로라와 결혼할 때 그녀에게서 자신의 어머니가 가진 은근과 끈기, 독실한 신앙심을 발견했다. 두 사람은 화목한 결혼생활을 영위했다. 서로 예의를 지켰으며 다투는 일도 전혀 없었다. 신앙심이 깊은 그녀는 동네 여자들과 만나 수다를 떨기보다는 설교에 귀 기울이고 묵상하기를 좋아하는 여자였다.

그녀는 시어머니처럼 청교도적인 신앙심이 깊은 집안에서 자라난 탓에 자신의 아이들에게 엄격하고 교훈적인 삶을 살아갈 것을 가르

첐다. 로라는 문학소녀의 기질이 다분한 여자였지만, 결혼한 후 현모양처가 되는 것이야말로 가장 숭고하면서도 가장 어려운 여성의 특권이라고 말하는 여자가 되었다.

집안의 절약하는 습관에 따라 록펠러 2세는 일곱 살이 될 때까지 누나들이 물려준 옷을 입었고, 누나들에게 요리와 바느질하는 방법을 배워야 했다. 그는 나중에 한 친구에게 이 이야기를 했다.

"난 누나들이 입던 옷을 입을 수밖에 없었어. 누나들의 옷은 항상 나까지 입을 수 있도록 만들어졌거든."

하지만 그의 어린 시절에 영향을 준 여러 여성들 가운데, 그의 어머니만큼 강한 영향력을 미친 사람은 없었다. 그녀는 다정한 엄마이기도 했지만, 한편으로는 규율에 까다로운 사람이었다. 그녀는 특히 남편이 많은 돈을 벌어들일수록 자녀들이 근검절약하는 정신을 지니게 해야 한다고 생각하고 절약을 강조했다. 또한 그녀는 현명하고 논리적인 만큼 남편의 사업적 야망은 언제나 지원해주었지만, 그것이 돈벌이만을 위한 것이라고 느껴졌을 때는 통렬히 비난했다.

아이들은 아무리 하고 싶은 일이라도 어머니가 해서는 안 될 일이라고 규정한 일은 하지 않았다. 록펠러 2세는 자신의 어머니에 대해 이렇게 말했다.

"어머니는 끊임없이 '의무'에 대해, 주님을 언짢게 하는 것이나 부모를 기쁘게 하는 것 등에 대해 언급하겠어요. 어머니는 우리의 의지를 단련시켜 해야 할 일을 하고 싶어 하도록 만드셨고 옳고 그름을 스스로 깨우치도록 하셨어요."

로라는 무엇보다도 겉치레를 경멸했고 유행에 민감한 사람들을 허영심 덩어리이며 멍텅구리들이라고 상대도 하지 않았다. 지독한 구두쇠였던 그녀는 남편이 아무리 많은 돈을 벌어다 주어도 낡은 옷을 기워 입었다. 젊은 여자는 옷장에 드레스 두 벌만 있으면 된다고 말하는 그녀를 보고 모두들 놀라지 않을 수 없었다.

많은 하인을 거느릴 형편이 된 후에도 그녀는 하녀 두 명과 마부 한 명만 고용했으며 대부분의 집안일을 손수 도맡아 했다. 경제적인 시간 활용에 관해서도 그녀는 남편에게 결코 뒤지지 않았다. 그녀의 지인 중에 한 사람은 이렇게 말했다.

"로라는 자신의 책임과 의무를 늘 강조하고 있었습니다. 그녀는 한순간도 낭비하지 않고 어떤 의무도 소홀히 하지 않기 위해 바쁜 나날을 보냈습니다. 하루를 시간 단위, 분 단위로 쪼개서 체계적이고 조직적인 시간 생활을 해나갔습니다."

하지만 로라는 아이들에게 자신의 가르침을 억압적이고 강제적인 태도로 아이들에게 강요한 것이 아니라 아주 부드러운 태도로 아이들이 따를 수밖에 없도록 지시하곤 했다. 아이들은 자신들이 잘못을 저질렀을 때 어머니가 아주 부드럽게 자신의 팔에 손가락을 올려놓기만 해도 그것을 알아차리고 고치려 했다.

아이들은 기도시간에 자신의 행동 하나하나를 반성하도록 교육받았다.

"나는 옳은 행동을 하고 있는가?"

"나는 내 의무를 다하고 있는가?"

아이들은 항상 자신들의 행동 하나하나를 기도시간을 통해서 검증받으며 자라났다.

특히 외아들인 록펠러 2세는 어머니의 가르침을 착실히 배웠다. 집안의 이름을 다음 세대로 이어나갈 이 책임이 막중한 소년에게 각별한 정성을 쏟았다. 록펠러 2세에게 어머니만큼 강한 영향력을 미친 사람은 없었다.

록펠러 2세는 자기 어린 시절을 회상하면서, 그저 아이들과 어울리기 위해 하기 싫은 데도 무슨 일을 억지로 해본 적은 한번도 없었다고 말했다.

"내가 그러한 생활을 하게 된 것은 전적으로 어머니의 영향 때문이었습니다. 어머니는 언제나 의무에 대해, 주님이 기뻐하시지 않는 것과 부모님을 즐겁게 해드리는 것에 대해 말씀하셨습니다. 어머니는 우리에게 옳고 그름에 대한 자의식을 은연중에 심어 주었고, 우리의 뜻을 길들이셨습니다. 그리하여 우리는 해서는 안 될 것은 아예 바라지도 않게 되었습니다."

유클리드가의 저택에서는 아무런 갈등도 없었다. 집안 식구들은 항상 조용조용 이야기를 나누었고, 누구에게도 험하거나 격한 말을 쓰는 사람이 없었다. 그의 아버지가 재계의 모범적 사업가이듯, 어머니는 가정의 모범을 일구어냈다.

록펠러는 아들에게 "늘 진실해야 된다"고 말했다. 이들 부자는 만나면 많은 대화를 하지는 않았지만, 수많은 편지를 주고받으며 부자지간의 정을 나누었다. 그들의 편지는 평생 동안 이어졌는데, 어떤 때는 하루에 한 통 이상의 편지를 주고받은 적도 있었다. 어린 시절 록펠러 2세는 몸이 허약한 편이었는데, 록펠러는 아들에게 항상 용기를 주는 칭찬의 말을 써서 보냈다.

"네가 자신감 있게 살아가겠다고 말하니 얼마나 기쁘고 고마운지 모르겠구나."

이에 기분이 좋아진 아들 록펠러 2세는 이런 답장을 보냈다.

"만약 아버지가 사람들에게 보여주신 행동의 반만큼만 제가 관대하고, 헌신적이고, 자애로울 수 있다면 제 인생은 헛되지 않을 겁니다."

훗날 언론과의 인터뷰에서 기자가 록펠러에게 그가 이뤄낸 두 가지 탁월한 업적은 '록펠러 의학 연구소'와 '록펠러 2세'라고 말하자, 그는 이렇게 대답했다.

"뒤에 것은 내가 아니라 그 녀석 엄마의 업적이라고 해야겠죠."

억만장자 아들의 용돈

록펠러는 자녀 양육을 아내에게만 맡겨두지 않았다. 그는 집에 있을 때면 아내의 짐을 덜어주려고 노력했다. 늘 인내심을 갖고 아이들을 대했으며, 어지간해서 화를 내거나 심한 말을 하는 법이 없었다. 그는 낮잠을 자다가도 아기 울음소리가 들리면 벌떡 일어나서 울음을 그칠 때까지 아기를 안고 어르곤 하는 자상한 아버지였다.

록펠러는 아이들에게 상냥하고 자상한 아버지였지만 원칙을 고수하도록 강요하는 완고한 아버지이기도 했다. 아이들은 카드놀이가 죄악이라는 아버지의 말 때문에 카드가 무엇인지 모르고 자라났다.

또, 록펠러는 아이들에게 자제심을 길러주기 위한 교육도 엄하게 시켰다. 그런 아버지 덕분에 아이들은 하루에 치즈를 한 조각만 먹어야 했다.

어느 날 둘째딸 앨타가 여동생 에디스가 치즈 두 조각을 먹었다고 고자질하자, 록펠러는 아주 엄숙하게 이렇게 말하는 것이었다.

"에디스가 욕심이 너무 많구나."

또 어느 날은 록펠러 2세와 앨타가 동시에 달려와서 고자질을 했다.

"에디스가 제일 큰 걸 가져갔어요."

그러자 록펠러는 특유의 엄숙한 말투로 에디스를 나무랐다.

"에디스, 나는 네가 이기적이라고 생각해. 앞으로도 그럴 거니?"

그러자 어린 딸은 울지도 못하고 이렇게 대답했다.

"다시는 안 그럴게요."

록펠러의 가정은 화목했지만, 신앙심이 깊은 부모 밑에서 자란 탓에 아이들은 세속적인 오락을 가까이하지 못하고 자랐다. 대신 록펠러는 아이들에게 악기를 하나씩 배우게 했다. 큰딸 베시는 바이올린, 앨타는 피아노, 에디스는 첼로를 배웠고, 록펠러 2세는 바이올린을 배웠다. 그 덕분에 록펠러의 집안에서는 모차르트와 베토벤, 헨델의 음악이 아이들의 4중주로 울려 퍼졌다. 아이들은 자신들이 연주하는 곡을 오락이 아닌 진지한 예술로 생각하도록 교육받았으나 아버지는 아이들이 당시 유행하는 대중음악을 연주하는 것까지 막지는 않았다. 아이들은 종종 교회 행사에도 참가해서 4중주 곡을 연주하기도 했다.

록펠러는 세계 최고의 부자가 되었지만, 아이들에게 용돈에 관해서는 무척 엄격했다. 그것은 어려서부터 뿐만 아니라 자녀들이 성장한 후에도 변함이 없는 원칙이었다. 그는 아버지 '빅 빌'이 자기에게 한 것처럼 자식들에게 돈을 빌려주고 이자를 받는 일 따위는 하지 않았지만, 용돈을 그냥 주지는 않았다. 그는 돈의 소중함을 아이들이 알게 하기 위해서 일한 만큼의 대가만을 주었다. 가령 파리를 잡으면 2센트, 연필을 깎으면 10센트, 악기 연습을 하면 시간당 5센트, 채소밭에서 잡초를 뽑으면 열 포기당 1센트, 꽃병을 수리하면 1달러 등 그 메뉴도 다양했다. 또, 사탕을 먹지 않고 참으면 하루에 2센트, 이틀이상 연달아 참으면 하루에 10센트씩의 보너스를 받았다.

아이들이 커가면서 장작을 패면 시간당 15센트를, 산책로를 관리하면 일당 10센트를 받았다. 록펠러는 아이들을 작은 일꾼으로 훈련시키는 것을 자랑스럽게 생각했다. 수년 후에 그는 열세 살 된 딸과 함께 기차를 타고 가다가 자신의 동행에게 이렇게 말했다.

"이 어린 녀석이 벌써 돈을 법니다. 어떻게 그럴 수 있는지 상상이 되십니까? 신경 써서 관리했을 경우 가스 요금이 평균 얼마나 나오는지 알아낸 다음, 이 녀석에게 매달 가스 요금을 절약하면 그 줄어든 액수를 용돈으로 주겠다고 했지요. 그랬더니 이 녀석이 매일 밤 집안을 돌아다니면서 안 쓰는 램프는 모조리 끄고 다니거든요."

록펠러의 아내 로라 역시 남편 못지않게 절약을 가르쳤다. 록펠러는 아이들이 자전거를 사달라고 졸랐을 때 아이들에게 한 대씩 사주자고 했는데 아내가 반대했다.

"안 돼요. 한 대만 사주세요. 서로 돌아가면서 타면 되잖아요."

어지간한 록펠러도 이때는 이렇게 말했다.

"하지만 세발자전거는 별로 비싸지도 않은데…."

그러자 아내는 이렇게 대꾸했다.

"이건 돈 문제가 아니에요. 한 대를 돌아가면서 타면 아이들이 양보하는 법을 배우잖아요."

부창부수라고, 록펠러는 싱긋이 웃으며 고개를 끄덕였다. 그래서 아이들은 자전거 한 대를 가지고 교대로 타야 했다.

록펠러는 집안에서도 아이들에게 회계장부를 꼼꼼히 기록하게 했다. 아이들의 용돈 관리 장부였다. 총지배인은 어머니였고, 4남매는 꼼짝없이 회계장부를 기록해야 했다.

록펠러는 끊임없이 절약을 강조해서 집에 소포가 오면 종이와 끈을 전부 모아두었다가 재사용하게 했다. 세계 최고의 부자의 아이들은 큰집에서 살았을 뿐 자기 아버지에 비해 더 풍요로운 어린 시절을 보내지는 못한 것만 같다.

나중에 장성한 자녀들이 록펠러에게 애완동물 자선사업을 권하거나, 중국 도자기와 같은 사치품을 사달라고 졸랐지만, 록펠러는 그것을 몇 번씩이나 들어주지 않았다. 그 후 나이가 들어서 결국 어떤 경우는 자녀들의 요구를 들어주기도 했지만, 기본 원칙에는 변함이 없었다. 이러한 원칙은 록펠러 2세에게도 고스란히 이어져서 가문의 전통이 되었다.

다음은 1920년 5월 1일, 록펠러 2세가 46살일 때, 록펠러 가의 3대인 14살짜리 록펠러 3세와 합의하여 체결한, 용돈에 관한 아빠와 아들 간의 합의문이다. 그 자신이 40대 때까지 아버지에게 용돈을 받으며 살았던 록펠러 2세가, 억만장자 집안의 장손인 아들이 돈을 흥청망청 쓰도록 기르지 않고 어릴 때부터 꼼꼼하게 자기 관리를 시킨 면모를 엿볼 수 있다.

☞ 용돈에 관한 아빠와 존 간의 합의문

1. 5월 1일부터 존의 용돈은 일주일에 1달러 50센트로 정한다.
2. 존이 용돈 사용 내역을 아빠가 만족할 수 있도록 장부에 정확하게 기록하면 다음 주에 10센트를 더 올려 준다. 그러나 용돈의 합계는 2달러를 초과할 수 없다.
3. 존이 용돈 사용 내역을 정확히 기록하지 않아 아빠가 만족스럽지 않을 때에는 다음 주 용돈을 10센트 깎는다.
4. 용돈을 사용한 영수증이나 지출이 없을 때 다음 주 용돈은 그 전주와 동일한 금액을 받는다.
5. 용돈 사용 내역을 정확히 기록했지만 글씨를 쓴 것과 계산이 만족스럽지 않을 경우 다음 주 용돈은 동일한 금액을 받는다.
6. 용돈의 인상과 삭감에 대한 결정은 전적으로 아빠가 한다.
7. 용돈 중에서 적어도 20%는 자선하는 일에 써야 한다.
8. 용돈 중에서 적어도 20%는 저축해야 한다.
9. 물건을 사거나 지출한 내역은 분명하고 명확하게 기록해야 한다.
10. 존은 엄마나 아빠, 가정교사인 미스 스케일즈의 동의 없이 어떤 물건을 사게 되면 엄마나 아빠에게 청구할 수 없다.
11. 존이 사고 싶은 물건이 용돈의 범위를 넘어서는 것일 때는 먼저 엄마나 아빠, 또는 미스 스케일즈의 허락을 받아야 한다. 만약 허락을 한다면 엄마나 아빠, 또는 미스 스케일즈 존에게 이것을 사는 데 충분한 돈을 준다. 그때 존은 무슨 물건을 샀는지, 얼마에 사고 얼마가 남았는지, 영수증과 거스름돈을 돈을 준 사람에게 그날 저녁까지 제출해야 한다.

12. 존은 가정교사를 비롯해서 집안에 있는 누구에게도 자신이 산 물건 값을 대신 지불해 달라고 해서는 안 된다. 단, 차비만은 예외로 한다.

13. 이 합의문을 쓴 날로부터 존이 종종 자기 계좌에 저축하는 금액이 8항에 규정된 20%를 넘을 경우에 아빠는 같은 금액을 존의 저축에 보태서 예금해 준다.

14. 위에서 명시된 사항은 상호 합의에 따라 변경될 때까지 효력을 발생한다.

위의 사항은 다음 두 사람에 의해 승인되고 집행된다.

존 D. 록펠러 2세
존 D. 록펠러 3세

자녀들아 너희 부모를 주 안에서 순종하라. 이것이 옳으니라. 네 아버지와 어머니를 공경하라. 이것이 약속 있는 첫 계명이니 이는 네가 잘 되고 땅에서 장수하리라. 또 아비들아, 너희 자녀를 노엽게 하지 말고 오직 주의 교양과 훈계로 양육하라.

〈에베소서 6장 1~4절〉

제4부

록펠러 제국

21. 브로드웨이 26번가

오늘을 마무리하고 새로운 내일에 임하라.
오늘은 원하던 일을 성취했다.
오늘은 힘들었던 일도 있었고, 어리석은 짓도 저질렀다.
오늘은 가능한 한 빨리 잊어라. 새로운 내일을 맞이하라.
-랄프 왈도 에머슨

뉴욕으로 본거지를 옮기다

1883년, 뉴욕으로 이전한 스탠더드 오일 본사는 브로드웨이 44번지의 수수하고 조그만 빌딩이었다. 이곳의 사무실은 이내 비좁아져서 스탠더드 오일은 또 하나의 사무실을 내야 했다. 1885년 5월 1일, 스탠더드 오일은 100만 달러 정도를 투자해서 지은 웅장한 9층짜리 화강암 건물이 완공되어 그곳으로 입주했다.

이때부터 뉴욕항이 내려다보이는 브로드웨이 26번가에 자리 잡은 스탠더드 오일은 절정의 성장기를 맞이했다. 이제 스탠더드 오일은 석유 사업은 물론 철도와 은행을 포함하여, 다양한 영역으로 손을 뻗은 미국 최고의 기업이었다. 처음 10층으로 지었던 본사 건물은 이내 28층으로 증축해야 했고, 최고의 번성기를 맞은 스탠더드 오일은 명실상부한 세계 최고의 기업이 되었다.

록펠러는 클리블랜드에서 일하던 직원들을 대부분 데려다 쓰면서 뉴욕에서 살 집을 구해 주었다. 그리고 자신도 맨해튼에 철도업계의 대부호가 살던 저택을 구입해서 이사했다. 스탠더드 오일 뉴욕 본사의 인근 지역은 스탠더드 오일 간부들의 집단 거주지처럼 되었다. 바야흐로 록펠러에게는 지방도시의 기업가가 아닌 미국 경제의 중심에서 세계를 선도하는 기업가로의 시대가 열린 것이다.

하지만 록펠러는 호사스런 뉴욕 상류사회에 결코 현혹되지 않았다. 그는 호화 만찬과 가장무도회, 극장, 오페라, 사교클럽 등을 멀리했고 그곳 상류사회와 동떨어진 생활을 했다. 하지만 부근에 사는 동생 윌리엄 록펠러는 형의 금욕적인 스타일과 달리 적당히 상류사회의 생활방식을 즐겼다. 그는 아이들을 자유롭게 키웠는데 록펠러의 아이들은 이를 무척 부러워했다. 훗날 록펠러 2세는 그때의 부러움을 이렇게 회상했다.

"내 사촌들은 우리가 못 하는 걸 많이 누리고 살았어요, 그래서 많이 부럽기도 하고 때로는 이질감을 느끼기도 했죠. 사촌들은 무수히 파티를 열었고 자유로운 사교 생활을 즐겼습니다. 나도 그런 생활을 하고 싶었지만 그럴 수가 없었어요."

동생 윌리엄은 록펠러가 말리는 데도 불구하고 부근에 호화주택을 지었다. 그는 주택을 지을 자금이 모자라자 상당히 많은 스탠더드 오일 주식을 형에게 팔았다. 이로 인해 두 형제간 재산 차이가 현격하게 벌어지는 결과를 초래했다.

당시 뉴욕 상류사회에서는 요트를 소유하는 것이 유행이었지만, 록펠러는 그런 것에 전혀 관심을 기울이지 않았다. 그는 훗날에도 전용 보트나 기차의 전용 객차도 소유하지 않았다.

대신 승마며 스포츠를 좋아했던 록펠러는 당시 상류층이 즐기던 것과는 다른 취미생활을 즐겼다.

록펠러는 웨스트 55번가 21번지에 난방시설을 갖춘 커다란 마구간을 지었다. 그리고 나서 준마(駿馬)를 위해 아낌 없이 투자했다. 마차 몰기를 몹시 좋아했던 록펠러는 일찍 퇴근해서 흑마들이 끄는 마차를 몰고 나가 센트럴 파크를 가득 메운 멋진 마차들의 행렬에 합류해서 달리기를 좋아했다. 때로는 아들 존 주니어를 옆에 태우고 동생 윌리엄과 경주를 벌이기도 했다. 록펠러는 언젠가 아들에게 이렇게 말했다.

"어제는 말을 4번이나 탔단다. 이틀 동안 달린 거리를 합치면 무려 130킬로미터가 넘는단다. 아버지가 다시 젊어진 기분이 들어. 너는 그렇게 생각하지 않니?"

록펠러 2세가 아버지의 경주 스타일에 대해 묘사한 글을 보면 취미생활에서조차 단호하면서도 신중한 그의 성격을 엿볼 수 있다.

"다른 사람들은 말이 말을 안 듣거나 보조를 못 맞추거나 하면 화를 냈지만 아버지는 절대 그러지 않았습니다. 말이 흥분하거나 말을 안 들을 때도 화를 내기보다는 오히려 침착하게 다루면서 말을 진정시키셨지요. 우리는 무척 빠른 속도로 센트럴 파크를 가로지르며 마차를 몰았는데, 아버지는 두 줄의 마차 대열을 뚫고 길 한가운데로 몰면서도 항상 왼쪽으로 약간 치우치게 달리셨습니다. 그것은 오른쪽에 충분한 공간을 확보해서 마주 오는 마차들이 제때 방향 전환을 못해도 지나갈 수 있도록 하기 위해서라고 아버지는 말씀하셨습니다."

록펠러는 겨울이면 스케이트 광이 되었다. 그는 집 근처에 넓은 연못을 파고 물을 가두어서 스케이트장을 만들어 스케이트를 타곤 했다. 그것은 클리블랜드 시절에 즐기던 취미생활의 연장이었다. 록펠러는 스케이트 타는 것을 너무 좋아해서 동네 사람들이 와서 스케이트장을 사용하는 걸 허용했고, 수십 명의 스케이트를 보관할 수 있는 선반도 만들어 놓았다.

그런 취미생활을 즐기면서 록펠러는 전에도 그러했지만, 오직 회사 경영에만 몰두했다. 그는 평사원처럼 아침 일찍부터 사무실에 출근해서 스탠더드 오일이라는 거대한 국제 기업을 건설하기 위해 모든 노력을 아끼지 않았다. 그는 탁월한 정보 수집력을 바탕으로 뛰어난 능력을 가진 인재를 발탁해 나갔고, 그들의 의견을 적극적으로 경영에 반영하는 것을 게을리하지 않았다.

그뿐만 아니라 그는 여러 가지 조사를 토대로 여러 대학의 이공계열 연구소에 선도적인 투자를 했다. 그리하여 19세기가 끝날 때쯤에는 많은 연구 성과가 나타났다. 예일 자연과학대학원에서 벤저민 실리먼이 최초의 상업적 정유 처리법을 개발한 것을 비롯해서 정유기술 연구의 부산물로 파라핀, 윤활유, 바셀린 등 수십 개의 산업용 제조기술이 개발되었다.

석유 정제기술이 발달함에 따라 등유 화재와 폭발로 인한 화재가 줄어들었고, 스탠더드 오일은 더 안전한 램프와 스토브를 개발해서 소비자들에게 보급했다.

1879년, 에디슨에 의해 전구가 발명되어 조명 연료로써의 등유를 쓸모없게 만들 즈음에 '내연기관'이 등장하여 현대산업의 에너지 기반을 완전히 바꾸었고, 그로 인해 스탠더드 오일 트러스트는 록펠러 본인도 상상하지 못했을 수준까지 팽창했다.

스탠더드 트러스트는 모두 40개의 기업을 거느리고 있었고, 그중 14개 기업은 독점적으로 지배하고 있었다. 그 구조가 너무나 복잡했기 때문에 공공기관의 감사나 시찰은 미궁에 빠질 수밖에 없었다. 트러스트 체제에서는 누가 무엇을 소유하고 있는지, 누가 어떤 활동의 책임자인지가 도무지 분명하지 않았다.

1903년, 스탠더드 오일의 영업사원들은 키티호크 해변에서 첫 비행을 성공한 라이트 형제에게 연료를 대주었고, 1904년에는 뉴욕에서 파리까지의 국제 자동차 경주 참가자들을 위해서 곳곳에 주유소를 설치하기도 했으며, 세계 최초의 가스펌프를 개발해 선보이기도 했다.

이제 세계는 내연기관을 사용하는 기계와 자동차로 넘쳐나기 시작했고, 석유의 수요는 폭발적으로 늘어났다. 석유의 수요가 그토록 많아질 거라고 아무도 예측할 수 없었던 시절에, 앞날을 예측하고 끊임없이 사업을 확장한 록펠러의 선견력 덕분에 스탠더드 오일은 새로운 시대의 최대 수혜자가 될 수 있었다.

탁월한 통찰력

그 무렵 록펠러에게는 새로운 고민거리가 생겨났다. 그는 28층 회장실에서 뉴욕항을 내려다보며 깊은 생각에 잠기곤 했다. 그 고민은 너무 상상을 초월하는 스탠더드 오일의 성장세로 인해 생긴 것이기도 했다. 거의 모든 경쟁자를 제거한 상태에서 시장 판매를 위협하는 요소가 하나 남아 있었는데, 그것은 원유 즉 원자재였다.

원유 공급에 있어 두 가지의 큰 문제가 있었는데, 우선 남아있는 원유의 매장량이 문제였다. 왜냐하면 1880년대 초반에는 펜실베이니아가 유일한 원유 채취 지역이었기 때문이었다. 만일 원유가 바닥난다면 이 거대한 기업이 어떻게 살아남을 수 있단 말인가? 또, 스탠더드 오일이 장악하고 있는 지역이 아닌 외부에서 유정이 발견될 경우, 그 여파는 무엇으로 감당할 것인가?

만일 그렇게 된다면, 그동안 스탠더드 오일의 전략을 낱낱이 보아온 경쟁업체들에게는 재기의 기회가 될 것이고, 이는 스탠더드 오일에 엄청난 위협이 될 게 분명했다.

오하이오와 인디애나에서 유정이 발견됨으로써 두 번째 우려는 현실로 나타나고 말았다. 1885년, 실제로 리마 도시의 북서쪽 오하이오 근처에서 유황 성분이 섞인 유전이 솟아올랐다. 하지만 다행히도 시추된 원유의 질이 형편없었다. 리마의 유전은 지금까지 발견된 유전 중에 최대 규모였지만, 유황 성분이 너무 많아서 기계를 못 쓰게 만들었고, 등유로 사용하기에도 그을음이 많아 집안을 온통 시꺼멓게 만들었고 냄새도 고약했다.

하지만 록펠러는 많은 사람들의 반대에도 불구하고 그 유전을 몽땅 사들였다. 록펠러는 이제까지 이루어온 시장에서의 지배력을 확고히 하기로 결심했고, 그는 리마의 유전 개발권을 따기 위해 수백만 달러를 투자했다. 이 소식을 들은 회사 임원이 펄쩍 뛰며 말렸지만, 록펠러는 자기 개인 재산을 담보로 하겠다며 침착하게 설득했다.

그는 이미 기도를 통해서 그 유전이 하나님께서 예비하신 것이라는 판단을 하고 있었다. 하지만 과학자들은 리마 유전의 석유는 유황을 대량 함유하고 있어서 충분한 수준으로 정제될 수 없을 거라는 진단을 거듭해서 내놓았다. 그러자 록펠러의 심복이면서도 성격이 과격한 아치볼드조차도 만나는 사람마다 붙잡고 불평을 늘어놓았다.

"우리 회장은 돌았어. 거기 석유를 가지고 뭘 하겠다는 건지 모르겠어. 그걸 퍼마시기라도 하려나?"

그는 회사의 미래를 비관하면서 자신의 주식을 1달러당 85센트의 낮은 가격으로 팔아버리고 있었다. 스탠더드 오일의 이사회도 리마 유전 개발에 반대를 표했다.

그러나 자신의 기도에 응답하는 하나님의 소리를 믿고 언제나 거의 광적일 정도의 낙천주의자가 되어 있던 록펠러는 이사회의 결정을 받아들이지 않았다. 그는 늘 '하나님께서는 늘 당신의 의도(意圖)를 가지고 계신다'는 믿음을 갖고 있었다. 그래서 그는 누구보다도 담대할 수 있었다. 그는 회사의 석유정제 기술자 헤르만 프라슈에게 이렇게 말했다.

"나는 틀림없이 이 석유를 정제할 방법이 있을 거라고 믿네. 자네들이 이 석유를 판매할 수 있게끔 정제만 해 준다면 내 개인 돈 300만 달러를 현상금으로 내놓겠네. 세상에 불가능은 없는 법이야. 안 그런가?"

원래 신중한 성격으로 유명한 록펠러가 계시를 받은 것 그렇게 말하자 록펠러의 확신에 감동한 프라슈는 말했다.

"회장님이 정 그렇게 믿으신다면, 한 번 위험을 감수해 보겠습니다."

프라슈는 '거친 네덜란드인'이라는 별명을 가진 독일계 이민자로서 전형적인 괴짜 과학자였다. 프라슈가 실험실에 틀어박혀 연구에 몰두하는 동안, 스탠더드 오일 이사회는 지독한 딜레마에 빠졌지만 어찌된 영문인지 록펠러만은 태연자약했다. 록펠러는 이렇게 말했다.

"위대한 물질이 땅 위로 솟아올랐는데 그것이 그대로 버려진다는 것은 있을 수 없는 일 아닐까요? 나는 그래서 리마 원유를 이용하기 위해 갖가지 방법을 동원하여 실험을 시켰던 것이오."

과연 얼마 지나지 않아서 프라슈는 획기적인 성과를 올렸다. 1888년 10월 13일, 록펠러에게 2년 동안 애타게 기다려온 결과를 알리는 전보가 도착했다.

"마침내 프라슈의 방식을 통해 상품성 있는 석유를 만드는 데 성공했습니다."

프라슈를 팀장으로 하는 스탠더드 오일의 기술자들은 리마에서 추출되는 원유에서 유황 성분을 제거하는 방법을 개발해서 사용 가능한 석유로 만드는 '프래시 공법'을 개발하여 특허를 따냈다. 록펠러, 결국 그가 옳았던 것이다.

이 사건은 스탠더드 오일에서 록펠러의 카리스마를 높여준 것은 말할 것도 없고, 미국 산업 전반에 걸쳐서 초인적인 예지 능력을 지닌 록펠러의 명성을 다시 한번 드높이는 계기가 되었다. 뿐만 아니라 프라슈가 리마 원유 활용 방법을 알아낸 덕분에 미국은 치명적인 석유 부족에 전 산업이 마비되었을지도 모를 위기를 넘기는 효과를 얻었다.

프라슈의 특허는 스탠더드 오일에 15년간 엄청난 이익을 안겨 주었으며 석유산업 전반에 걸쳐서 과학자들의 입지를 다지는 결과를 가져왔다. 이로써 록펠러는 직관에 의지하던 석유산업에 과학을 기반으로 한 합리적 정신을 도입한 가장 위대한 업적을 남긴 기업가가 되었다.

몇 년 지나지 않아 스탠더드 오일은 펜실베이니아에서 인디애나까지 다니면서 제3의 원유인 유황 성분의 석유를 퍼 올렸고, 이를 완벽하게 독점했다. 리마 유전의 부산물인 천연가스는 스토브, 가로등, 화로 등 여러 분야에서 굉장한 인기를 끌었다. 이에 따라 스탠더드 오일은 전국을 잇는 가스관을 건설하고 많은 도시에서 특허를 따냈다.

이 대목은 록펠러의 탁월한 통찰력의 백미라고 볼 수 있다. 대체적으로 성공하는 사람들은 안목이 넓은 법이다. 집중과 통찰로 이어진 록펠러의 안목은 현실과 미래를 냉정하게 판단하고 이해해야 하는 요소를 두루 지니고 있었던 것이다. 영국의 철학자 화이트헤드는 이렇게 말했다.

"19세기의 가장 위대한 발명은 '발명하는 방법의 발명' 이다."

스탠더드 오일은 풍부한 리마 유전을 확보한 덕분에 국제 시장에서 새롭게 전개되던 경쟁에서 앞서갈 수 있었다. 록펠러는 은퇴할 무렵까지 브로드웨이 26번지 본사와 모든 정유소에 실험연구실을 설치했다. 그는 이러한 방식으로 스탠더드 오일을 과학적이면서 현대적인 산업조직으로 탈바꿈시키면서 최고의 기업으로 발전시켰다.

미국 경제의 파수군

스탠더드 오일은 영국의 금융재벌 로스차일드와 이른바 '시장 합리화' 를 모색함으로써 세계 석유 시장을 잠식해 들어갔다.

록펠러는 마케팅 능력에서 아주 출중한 아치볼드를 해외로 파견하여, 미국 내에서와 같은 인수, 합병 정책을 펴나갔다. 그들은 경쟁 기업의 주식을 매점하여 사들였고, 어떤 경우에는 비밀 주식 거래로 경영권을 잠식해 들어갔다.

스탠더드 오일은 1884년에서 1899년 사이에 유럽 석유 시장의 60%를 장악했고, 제1차 세계대전이 발발하자 거의 100%에 달하는 점유력을 과시하면서 미국의 힘의 상징이 되었다. 그리고 유럽뿐만 아니라 중동과 중국, 일본, 조선, 동남아시아 등 아시아 국가로까지 진출했다.

스탠더드 오일은 대외정책에 있어서 미국 정부의 대행 역할을 했다. 이제 스탠더드의 번영은 곧 미국의 번영이었고, 그 놀라운 행운의 연속 역시 국운을 반영하고 있는 듯 여겨졌다.

각국에 주재하고 있는 미국의 현지 공사(公司)들은 스탠더드 오일에 매우 협조적이었다. 중국의 경우 스탠더드 오일 직원이 중국인들에게 주석 램프를 나눠주는 자리에서, 중국 공사는 공관 직원을 시켜 등유가 조명 연료로 얼마나 효율적인지를 설명하는 중국어 회람을 돌리게 했다.

유럽의 식민주의 정책에 따라 광대한 중국 시장이 폐쇄될 위기에 처하자, 존 헤이 국무장관은 미국 군대는 스탠더드 오일을 비롯한 미국 기업들이 중국과의 무역 권한을 간접적으로 보장한다는 유명한 '문호개방' 선언을 하기까지 했다.

1890년대까지 미국산 석유는 전 세계의 미개척 된 땅 곳곳에 스며들어 갔다. 스탠더드 오일의 직원들은 삼판, 낙타, 소달구지 심지어 원주민의 등에다가도 석유통을 싣고 세계 구석구석을 누비고 다녔다.

그 당시를 록펠러는 자서전에 이렇게 밝혔다.

"우리의 가장 든든한 후원자 중 하나는 워싱턴의 국무부였다. 우리나라의 대사, 공사, 영사들은 우리가 세계 구석구석까지 새 시장을 개척하는 데 큰 힘이 되어 주었다."

어쨌거나 록펠러는 전 세계에 등유를 판매하는 최초의 다국적 기업을 만들어 냄으로써 사업가보다는 발명가가 찬사를 받던 시대에 새로운 기업 형태를 고안해 내는 큰 업적을 남겼다. 20세기에 들어서 미국 기업을 필두로 한 기업들은 그가 고안해 낸 사업 패턴을 이어받아 자본주의 체제의 꽃을 피우게 된다. 록펠러는 자신이 만들어 낸 최대 위업에 대해 이렇게 말했다.

"당시 미국은 농업 경제에서 대량생산과 상업 경제로 넘어가는 과도기였으므로 우리가 직접 체험하면서 새로운 기업 모델의 체계와 구조를 만들어 내야 했습니다."

오늘날에는 기업의 독과점체제에 대한 윤리성 문제가 크게 대두되고 있는 형편이지만, 록펠러는 산업자본과 경험이 일천한 시기에 규모의 경제를 실현함으로써 산업 계획 수립과 대량생산을 주도하는 모델을 만들어 냈다.

록펠러의 스탠더드 오일 트러스트는 등유 품질 개선과 석유 부산물 개발, 석유 제품의 포장비와 운송비, 세계적 유통비 절감 등의 측면에서 대단한 진보를 이루었다.

이 책을 열면서 밝힌 바 있지만 버트런드 러셀은 현대를 만든 사람들 가운데 가장 두드러진 공을 세운 사람으로 록펠러와 비스마르크를 꼽았다. 한 사람은 경제에서, 다른 한 사람은 정치에서 현대 자본주의 체제와 관료제 국가 체제를 이룩하는데 큰 기여를 했다는 것이다. 많은 경제학자들과 역사학자들은 록펠러가 현대 기업의 선구자라는 것을 부인하지 않는다. 한 역사학자도 의견을 같이했다.

"록펠러는 석유산업을 이룩한 장본인이다. 또한 미국의 산업 발전 및 현대 기업 탄생의 역사에서도 단연코 가장 중요한 인물이다."

믿음은 바라는 것들의 실상이요 보지 못하는 것들의 증거니 선진들이 이로써 증거를 얻었으니라. 믿음으로 모든 세계가 하나님의 말씀으로 지어진 줄을 우리가 아나니 보이는 것은 나타난 것으로 말미암아 된 것이 아니니라. 믿음으로 아벨은 가인보다 더 나은 제사를 하나님께 드림으로 의로운 자라 하시는 증거를 얻었으니 하나님이 그 예물에 대하여 증언하심이라

〈히브리서 11장 1~4절〉

22. 병상에서 얻은 깨달음

아무리 돈이 많은 사람이라도 마음은 늘 빈곤할 수 있다.
풍요로움이란 물질적인 것 외에도
진정으로 원하는 것을 가졌을 때 느끼는 것이다.
풍요로움이란 외적인 것이 아니라 내면적인 것이다.
　　　　　　　　　　　　　　　　　-삭티 가웨인

록펠러의 눈물

50대에 이르자 록펠러는 어린 시절부터 꿈꿔왔던 세계 최고의 부자가 되었다. 그러나 그때 그에게 전혀 예기치 않은 병마가 덮쳐들었다. 오로지 사업밖에 모르고 30여 년간 몸을 혹사해 온 탓이었다. 그는 50대의 나이에도 여느 부자들처럼 비만하지도 않았고 적당한 스포츠를 즐기며 원기를 유지하는 까닭에 나이에 비해 열 살은 젊어 보였다.

그래서 록펠러는 평소 자신의 건강을 자신해 왔지만, 1870년대와 1880년대, 미국 산업 전쟁의 풍파를 헤치고 나오면서 그는 알게 모르게 지쳐갔던 것이다.

특히 승리자로서 스탠더드 오일을 지켜내기 위한 스트레스 때문에 그의 건강은 매우 악화되었다. 그는 기관지, 신경계통에 병이 생겼고, 위궤양도 앓고 있었다. 그는 불면증에 시달리고 있었고 소화불량은 중증이었다. 그의 주치의 비거 박사는 휴양할 것을 권고했지만, 그는 대수롭지 않게 생각하고 일에만 전념했다.

그즈음 록펠러는 점점 몸이 쇠약해져서 지독한 피부병까지 얻게 되었다. 머리카락과 눈썹이 빠지고 몸이 오그라들기 시작하면서 준수했던 그의 외모는 노인처럼 구부정해졌다. 그는 자신의 대머리를 감추려고 2주마다 길이가 조금씩 다른 가발을 바꿔 써서 자연스레 머리카락이 자라는 것처럼 보이려고 했다. 그러나 문제는 그렇게 숨긴다고 감추어지는 것이 아니었다. 그때부터 록펠러의 귀에는 마치 이명처럼 〈마태복음 25장 30절〉의 말씀이 울려왔다.

"이 무익한 종을 바깥 어두운 데로 내어 쫓으라 거기서 슬피 울며 이를 갊이 있으리라 하니라"

나중에 입원해야 할 지경이 되었을 때, 그는 몇 조각의 비스켓과 물로 식사를 대신해야 했다. 점점 미라처럼 변해 가는 자신을 바라보면서 세계 최고의 부자는 밤잠을 이룰 수가 없었다. 하루에 100만 달러씩 벌어들이는 그의 수입도 소용이 없었다. 어려서부터 돈을 위하여 살아온 그였지만, 결코 돈이 인생의 전부가 될 수 없다는 것을 그제야 깨달은 것이다.

록펠러는 예수께서 산상수훈을 통해 외치신 말씀이 온몸에 절절하게 넘쳐오는 것을 느끼며 몸을 떨어야 했다.

"그러므로 내가 너희에게 이르노니 목숨을 위하여 무엇을 먹을까 무엇을 마실까 몸을 위하여 무엇을 입을까 염려하지 말라 목숨이 음식보다 중하지 아니하며 몸이 의복보다 중하지 아니하냐. 공중의 새를 보라 심지도 않고 거두지도 않고 창고에 모아들이지도 아니하되 너희 천부께서 기르시나니 너희는 이것들보다 귀하지 아니하냐. 너희 중에 누가 염려함으로 그 키를 한 자나 더할 수 있느냐. 또 너희가 어찌 의복을 위하여 염려하느냐 들의 백합화가 어떻게 자라는가 생각하여 보아라 수고도 아니하고 길쌈도 아니하느니라. 그러나 내가 너희에게 말하노니 솔로몬의 모든 영광으로도 입은 것이 이 꽃 하나만 같지 못하였느니라. 오늘 있다가 내일 아궁이에 던지우는 들풀도 하나님이 이렇게 입히시거든 하물며 너희일까보냐 믿음이 적은 자들아. 그러므로 염려하여 이르기를 무엇을 먹을까 무엇을 마실까 무엇을 입을까 하지 말라. 이는 다 이방인들이 구하는 것이라 너희 천부께서 이 모든 것이 너희에게 있어야 할 줄을 아시느니라. 너희는 먼저 그의 나라와 그의 의를 구하라 그리하면 이 모든 것을 너희에게 더하시리라 〈마태복음 6장 25~33절〉"

병원에서는 정밀 종합진단 결과 록펠러가 1년 이상 살지 못한다는 사형선고를 내렸다. 그의 절친한 친구이자 동종 요법 의사인 해밀턴 비거 박사는 이렇게 말했다.

"조금 더 심했다면 사망했을 겁니다. 과로로 면역체계가 약해진 탓에 쓰러지기 일보 직전의 상태에 빠진 것입니다. 혼자서 몇 사람 몫의 일을 할 수는 없다는 것을 알아야 합니다."

젊어서부터 자신의 건강에 대해서 많은 신경을 써온 록펠러였지만 거대한 제국을 혼자서 지켜야 한다는 스트레스를 이겨낼 수는 없었던 셈이다. 그러자 언론에는 록펠러의 죽음을 걱정하기보다는 그 많은 재산이 누구에게 돌아갈 것인지에 대해서만 비상한 관심을 보였다.

억만장자 록펠러는 더 이상 행복하지 않았다. 그의 얼굴은 딱딱하게 굳어 버렸다. 록펠러는 언론이 자신의 사망 기사를 미리 준비하고 있다는 소식을 듣고 절망 속에서 인생은 돈이 전부가 아니라는 것을 깨달았다. 무서운 고통 속에서 밤잠을 이루지 못하던 그 부자는 삶과 죽음에 대해서 진지하게 생각하기 시작했다.

그는 자기 자신을 위해 뛰어왔지, 하나님을 위하고 이웃을 위하는 신앙생활은 아니었던 것이다. 그동안에도 그는 교회에 십일조를 꼬박꼬박 바치는 것은 물론 많은 자선사업을 해왔지만, 그것은 다 자신만을 위한 방편적인 일에 불과했다는 것을 절실하게 깨달았다. 돈만을 위한 인생의 목표는 곧 파멸의 길임을 비로소 깨닫고, 자기 주위 사람들에게 눈을 돌리기 시작했다. 그리고 록펠러는 스탠더드 오일에 대해 굳게 쥐고 있던 고삐를 서서히 놓기 시작했다.

주는 것의 행복

록펠러가 최종 건강검진을 받기 위해 휠체어를 타고 갈 때였다. 병원 로비에 걸린 액자의 글자를 무심코 보게 되었다.

'주는 자가 받는 자보다 복이 있다.'

그 글을 보는 순간, 마음속에 찡한 전율이 일고 갑자기 눈물이 쏟아졌다. 그러자 선한 기운이 온몸을 감싸는 가운데 그는 눈을 지그시 감고 생각에 잠겼다.

잠시 후, 주변에서 시끄럽게 다투는 듯한 소리가 들려왔다. 정신을 차리고 보니 입원비 문제로 다투는 소리였다. 병원 측은 병원비가 없어 입원이 안 된다고 하고, 환자 어머니는 입원시켜 달라고 울면서 사정하고 있었다. 록펠러는 곧 비서를 시켜 병원비를 지불하게 하고, 누가 지불했는지 모르게 했다.

얼마 후, 은밀히 도운 소녀가 기적같이 회복되자 그 모습을 조용히 지켜보던 록펠러는 얼마나 기뻤던지, 나중에 자서전에 그 순간을 이렇게 표현했다.

"나는 살면서 이렇게 행복한 삶이 있는지 몰랐습니다."

그때부터 그는 나눔의 삶을 결심했다.

"죽으면 다 소용없다"

그는 새삼스럽게 그렇게 깨닫고 두 가지를 실천에 옮길 결심을 했다. 하나는 아무 때나 쉴 수 있도록 사무실에 침대 의자를 갖다 놓은 것. 또 하나는 자기의 재산을 나누어 다른 사람에게 기쁨을 주는 것이었다.

그 무렵 록펠러의 뇌리를 떠나지 않는 성경 말씀 〈누가복음 5장 30~32절〉이 있었다.

"바리새인과 저희 서기관들이 그 제자들을 비방하여 가로되 너희가 어찌하여 세리와 죄인과 함께 먹고 마시느냐. 예수께서 대답하여 가라사대 건강한 자에게는 의원이 쓸 데 없고 병든 자에게라야 쓸 데 있나니. 내가 의인을 부르러 온 것이 아니요 죄인을 불러 회개시키러 왔노라 "

록펠러는 자신에게 병마가 찾아온 것이 죄인을 불러 회개시키려는 하나님의 부르심이라고 생각했다. 그 후 록펠러는 새 사람이 되어, 돈 버는 일보다 엄청난 재산을 자선과 기부에 쓰는 것에 더 시간을 돌렸다. 그는 자신의 막대한 재산으로 가난한 사람들과 불쌍한 사람들을 돕기 시작했다. 그러면서 그는 하나님에게 자신의 건강을 돌려달라고 간절히 기도했다.

"하나님 부디 저의 건강을 돌려주십시오. 오래 살고 싶어서가 아니라 지금까지 제가 벌어들인 돈을 세상을 위해서 보람 있게 쓰고 싶어서입니다."

그러자 기도에 대한 응답이 왔다. 〈요한1서 3장 17절〉의 말씀이었다.

"누가 이 세상 재물을 가지고 형제의 궁핍함을 보고도 도와 줄 마음을 막으면 하나님의 사랑이 어찌 그 속에 거할까 보냐"

록펠러는 이전의 건강한 몸을 되찾아갔고 그의 생활도 건강한 생활로 돌아왔다. 잠도 잘 자게 되고 음식도 잘 먹게 되었다. 그는 병상에 있으면서 그동안 돈을 벌어서 무엇을 하겠다는 생각을 제대로 하지 않았다는 것을 깨달았다. 그는 오로지 세계 최고의 회사를 만들기 위한 현세적 목표만 가지고 앞만 보고 달려왔다는 것을 진정으로 깨달았다. 그의 마음속에는 〈요한복음 12장 25절〉의 말씀이 가득히 자리 잡았다.

"자기 생명을 사랑하는 자는 잃어버릴 것이요 이 세상에서 자기 생명을 미워하는 자는 영생하도록 보존하리라"

1899년 이후부터 록펠러는 사업가가 아니라 자선사업가로 변모했다. 그는 교회의 일을 더욱 신실하고 충심을 다해 받들었으며 가난한 사람들을 구제하는 일에 힘썼다. 가장 큰 변화는 그의 얼굴에 미소가 돌아온 것이었다.

나중에 그는 이렇게 회고하고 있다.

"인생 전반기 55년은 쫓기며 살았지만, 후반기 43년은 행복하게 살았습니다."

은퇴를 준비하다

록펠러는 몇 달간 회사에 출근하지 않고 두 번의 휴가를 보낸 후에야 어느 정도 건강이 회복되었다.

그는 의사가 지시하는 대로 담백한 음식을 뜨겁지 않게 조리해서 조금씩 먹었고, 간식으로 과자와 우유, 보리차를 마셨으며, 매일 오후에는 30분씩 낮잠을 잤다. 그 후부터 록펠러는 살도 찌지 않고 비교적 건강을 유지했다.

은퇴를 결심한 록펠러는 허드슨강이 굽어보이는 풍광이 좋은 땅을 사들였다. 그곳에 클리블랜드의 포리스트 힐보다 훨씬 좋은 농장을 지어서 은퇴 후에 지낼 심산이었다. 그곳은 맨해튼에서 북쪽으로 35킬로미터 정도 떨어진 지역이었는데, 록펠러는 그곳을 '포칸티코 힐'이라고 이름 지었다.

록펠러는 예전에도 그랬듯이 집 내부보다는 정원에 더 많은 돈을 투자했다. 그는 이전에 있던 평범하고 낡은 집을 대대적으로 수리하고, 수영장이며 차고를 짓고, 멋진 정원을 꾸몄다.

또한 그는 포리스트 힐에서처럼 자신의 정원을 그곳 주민들이 산책할 수 있도록 개방했다. 하지만 자전거나 말을 타고 다닐 수는 있었지만, 자동차 출입은 금지했다.

그러면서 당시 새롭게 인기를 끌던 자전거 타기를 배우는데 몰두했다. 평소 운동을 좋아하던 그는 자전거로 점프묘기를 선보일 정도로 자전거를 잘 탔다. 처음에는 건강관리에 좋다고 해서 시작한 운동이었지만, 지금은 거의 선수를 방불케 하는 실력이 됐다. 그는 불가능하다는 전문가의 만류에도 불구하고, 고난도의 묘기도 연출했다. 록펠러는 아예 공학 서적을 사다가 원리를 연구하면서 온갖 묘기를 개발해 냈고, 언덕의 정상을 정복하는 자전거 등반 계획을 세우기도 했다. 또한 자기 집을 방문한 손님들에게도 자전거를 타기를 권했는데, 그때마다 손님들을 혹독히 훈련시키기도 했다. 훗날 그는 자신의 전기 작가에게 전원생활에 대해 이렇게 말했다.

"복잡한 일상에서 벗어나 평화와 안정을 찾으면 얼마나 많은 일을 할 수 있는지 몰라요."

그때부터 록펠러는 아예 회사에 출근하지 않고, 회사의 모든 일을 존 아치볼드에게 대행을 시켰다. 그는 집에서 아치볼드에게 매일 직통 전화로 보고를 받고 지시를 내렸다.

록펠러는 들판에서 농장 인부들과 함께 일을 하기도 하고, 자전거를 타고 전원을 달리기도 했다. 자연요법을 이용한 치료가 효과를 보여서 그의 건강은 차츰 나아져 갔다. 1891년 6월 록펠러는 아치볼드에게 이런 편지를 보냈다.

기쁘게도 몸이 차츰 회복되고 있다는 소식을 전할 수 있게 되었다네. 형용할 수 없을 정도로 세상이 완연히 다르게 보이기 시작했지. 어제는 내가 보낸 지난 3개월 중 최고의 날이었다네.

그 여름이 끝나갈 무렵, 록펠러는 체중이 무려 7kg 늘었고 얼굴에 다시 생기가 돌아왔다. 그의 몸은 어느 정도 예전과 비슷한 일정을 다시 소화할 수 있는 상태로 돌아왔다.

그는 육체에 계실 때에 자기를 죽음에서 능히 구원하실 이에게 심한 통곡과 눈물로 간구와 소원을 올렸고 그의 경외하심을 인하여 들으심을 얻었느니라. 그가 아들이시라도 받으신 고난으로 순종함을 배워서 온전하게 되었은즉 자기를 순종하는 모든 자에게 영원한 구원의 근원이 되시고

〈히브리서 5장 7~9절〉

23. 자선사업가 록펠러

깨달음

일정 기간 휴식을 취하고 요양한 후, 록펠러는 다시 회사에 출근했다. 그는 마음을 편안하게 먹고 토요일에는 회사 일을 쉬기 시작하면서 은퇴를 준비했다.

록펠러는 하나님은 '내가 돈을 벌면 그것을 곧바로 다시 나누어줄 것임을 아시고 나를 도구로 사용하시려 하는 것 같다'는 생각을 했다. 그는 자신의 재산은 '인류의 복지를 위해 사용하라고 하느님께서 주신 선물'이라고 생각하고, 앞으로는 돈 버는 사업 대신에 자선사업만을 하겠다고 결심했다. 그는 우선 주변을 정리하기 시작했다. 신규 사업을 벌이는 것을 피하고, 자신이 가진 많은 권한을 임원들에게 넘기는 작업에 착수했다. 한 걸음 더 나아가 자선사업을 하려면 어떤 방식을 택해야 할 것인가에 대해서도 많은 시간을 할애하며 골똘히 생각했다.

그는 어린 시절부터 평생 동안 자기 수입의 1/10을 꼬박꼬박 떼어 교회에 헌금해왔다. 그리고 젊은 시절 직장을 다닐 때부터 자선사업에 상당한 돈을 지출했고, 침례교회에 기부한 액수는 수백만 달러에 달했지만, 그것은 조금씩 꾸준히 기부한 금액이었다. 그런데 이제 록펠러는 그러한 방식이 아닌 전 재산을 바치는 자선사업을 하나님이 요구한다는 것을 깨달은 것이다.

하지만 경제 공황이 시작되어 록펠러의 계획은 잠시 늦춰졌다. 그는 다시 야전 사령관이 되어 사업을 진두지휘해야 했다. 그런데 이번에 그가 벌이는 사업은 아주 색달랐다. 그는 회사의 파이를 키우는 데 중점을 둔 사업을 벌이는 것이 아니라 경제 공황으로 실의에 빠진 피해자들을 구제하는 데 주력한 것이다. 그는 약 600만 달러를 파산자들에게 대출해 주었고, 공황으로 어려움을 겪는 미국 정부에도 1억 달러의 자금을 회사 차원에서 대출해 주었다.

경제 공황은 록펠러에게 오히려 투자를 확대할 수 있는 기회를 주었지만, 그는 앞으로는 수익사업보다는 자신의 삶의 방향을 성경에서 찾으며, 기도하는 삶을 살 것을 결심했다.

록펠러는 그동안 성경적 삶을 살았다고 자부하고 있었지만, 그것은 제대로 깨닫지 못한 삶이었음을 깨달았다. 그는 '두려워하는 주인'보다 '관대한 청지기'가 되라는 성경의 말씀이 지시하는 의미를 처음으로 깨달았다.

"그런즉 너희는 먼저 그의 나라와 그의 의를 구하라 그리하면 이 모든 것을 너희에게 더하시리라 〈마태복음 6장 33절〉"

록펠러는 하나님을 증거하고 청지기의 삶을 사느라 세상을 떠날 때까지 바쁜 나날을 보낼 결심을 했다.

자신의 꿈을 접다

록펠러가 자선사업을 전개하기로 결심을 굳힐 무렵 미국 사회에서는 스탠더드 오일의 트러스트를 해체하라는 압박이 거세졌다. 스탠더드 오일에 대한 비판자들은 록펠러의 선행이 자신의 부를 지키기 위한 연막전술이라고 비판하는 한편, 스탠더드 오일의 대규모 사업을 중단시킬 것을 강력하게 요구하고 나섰다. 그러나 록펠러는 자신이 옳다고 생각하고 있었으므로 독점에 대한 언론의 비판, 소송 따위에 초연하게 대처했다.

1887년, 마침내 의회는 모든 철도에 아무리 물량이 많더라도 리베이트를 줄 수 없도록 하는 '표준가격제' 법안을 통과시켰다. 그러나 스탠더드 오일은 그러한 조치에 끄떡도 하지 않았다. 이미 스탠더드 오일은 대부분의 석유 수송을 철도보다는 파이프라인과 탱크차를 이용하고 있었다. 스탠더드 오일은 유전, 정유소, 탱크차 제작소, 총 20만 킬로미터의 파이프라인, 100여 척의 유조선 선단, 해외 보급로까지 갖춘 회사로서 가장 경쟁력이 높고 시대를 앞서가는 회사였다. 하지만 많은 사람들이 스탠더드 오일을 여전히 자본을 독점하기 위한 독점재벌로 보고 있었다.

1890년, 의회는 '셔먼 독점 금지법'이라는 법안을 통과시켰는데, 이 법은 기업 트러스트는 물론이고 생산, 판매, 무역 거래에서 모든 조직을 금지하고 있었다. 1892년, 오하이오주 법원은 스탠더드 오일의 오하이오 자회사에 트러스트 탈퇴를 명령했다. 록펠러는 석유 사업 독점에 대한 사회적 압력이 강해지자 세계 시장을 100% 지배하겠다는 꿈이 지나치게 높은 이상이란 것을 깨닫기 시작했다.

정부의 독점 규제가 심해지자 스탠더드 오일의 시장 점유율은 차츰차츰 하락했다. 시장 점유율은 90%로 낮아졌고, 그가 은퇴를 고려하기 시작할 무렵에는 80%로 떨어졌다. 해외시장의 경우에도 점유율이 급격히 하락했다. 그것은 어떤 규제에 의해서가 아니라 유럽의 주요 정유회사인 노벨과 로스차일드가 러시아와 동남아시아 등지에서 대규모 유전을 개발해서 시장을 잠식한 탓이었다.

록펠러는 서서히 자신의 꿈을 접었다. 그는 전기 작가에게 이렇게 말했다.

"만약 우리 회사에서 전 세계의 모든 석유를 독점한다면 사람들이 우리 회사를 증오하리라는 사실을 압니다."

그리고 록펠러는 스탠더드 오일 트러스트 못지않은 또 다른 새로운 목표를 찾았다. 그는 위대한 자선사업의 트러스트를 꿈꾸기 시작했다. 그는 석유산업을 지배했던 방법을 자선사업에도 적용하기로 작정하고 자선사업에 대한 연구에 들어갔다.

사회주의자를 비롯한 자본주의 비판 세력들은 정부가 부를 재분배해야 한다고 주장하고 있었지만, 록펠러는 정부가 부를 공정하게 분배할 능력이 있다고 믿지 않았다. 그는 자서전에서 부의 분배에 대한 생각을 이렇게 정리하고 있다.

"나는 어떤 사람이나 조직이 결성되어 그들이 나라의 돈을 모두 모아 공공의 안녕과 나라 발전을 위해 현명하게 분배할 수 있을 때까지, 자신의 재산을 지키고 유지하는 것이 내 의무입니다."

그 당시 록펠러는 엄청난 규모로 독립적인 자선사업을 주관할 조직을 만들기 시작했다. 마침 철강왕 카네기가 전 세계에 2,800개의 도서관을 기증하였을 때, 록펠러는 거기에 지대한 관심을 가졌고 진심어린 축하 메시지를 보냈다.

"부자로서 당신이 한 일은 나 또한 할 수 있는 일들입니다. 하지만 이번에 당신이 보여준 자선사업은 분명히 많은 이들에게 귀감이 되어 좋은 열매를 맺을 것입니다."

찰리 존스는 나눔의 철학을 이렇게 설파하고 있다.

"우리는 무엇이든지 나누지 않고서는 즐길 수 없다. 그것은 돈뿐만이 아니다. 믿음, 사랑, 재능 무엇이든 다 그렇다. 남에게 무엇인가를 주고 있다고 믿는 사람은 그것이 절대로 '주는' 것이 아니라는 것을 깨달아야 한다. 당신은 자기가 받은 것의 조그만 부분을 나누어주면서 더 큰 것을 받고 있는 것이다."

자선사업을 시작하다

록펠러가 자선사업에 관심을 갖고 본격적으로 그 일에 매달리기 시작하자 수많은 사람들이 주위에 몰려들었다. 그들은 지인을 통해 면담을 요청하기도 하면서, 출퇴근 시간을 막론하고 수시로 록펠러를 따라다녔다. 지방에서 올라온 어떤 사람들은 큰 여행용 가방까지 들고서, 록펠러를 만날 기회를 얻기 위해 스탠더드 오일 본사 주위를 온종일 배회했다. 그는 가는 곳마다 도움을 요청하는 사람들에게 수없이 시달렸다.

록펠러는 일주일에 15,000통이 넘는 도움을 요청하는 편지를 받았다. 꼼꼼하고 치밀한 성격인 록펠러는 편지 내용을 일일이 살펴보고, 그 타당성을 검토한 후, 돈을 쓸 만한 가치가 확실하다고 생각되는 곳에만 자선기금을 내놓았다.

록펠러는 돈 버는 이유 중에 하나가 기부를 해야 한다는 종교적 의무 때문이라는 생각을 하고 있었기에 자선사업에 대해 무척 진지한 태도를 보였다. 그는 한 친구에게 이렇게 말한 적도 있었다.

"교회에 다니는 사람이면 누구든지 주님의 은총으로 번성한 만큼 기부를 해야 한다는 사실이 점점 더 흡족하게 느껴진다네."

이 과정을 통해서 록펠러는 자선사업도 수익사업만큼의 주의력과 집중력, 주도면밀함이 필요하다는 것을 깨닫게 되었다. 그러면서 꼭 필요한 곳에 자금이 지원되어야 한다는 신념을 가지게 되었다.

훗날 록펠러는 자서전에서 '자선 트러스트'를 조직해야 할 이유를 그때 깨달았다고 말했다.

"자선사업과 기업 경영을 접목시키면 자금을 절약하는 것은 물론이요, 더 좋은 결과를 창출할 수 있는 효과적인 운영이 가능합니다. 자선사업이야말로 협동이 무엇보다 중요합니다."

그의 유일한 관심사는 어떻게 하면 자선사업으로 재산을 지혜롭게 쓸 수 있는가였다. 록펠러는 사업에서 보여준 '놀라운 천재성'과 '성취 능력'을 자선사업에서도 발휘하기 위해서 우선 구상 단계에서부터 많은 분야의 전문가를 동원하여 효율적인 연구 조사를 실시했고, 마침내 엄청난 규모로 자선사업을 주관할 조직을 만들기 시작했다.

록펠러가 첫번째로 눈길을 준 곳은 교육사업 분야였다. 그는 1903년 GEB(일반 교육 위원회)를 창립하면서 이런 말을 했다.

"나는 악을 그 근원부터 없애야 한다는 생각을 하고 있는데 그 힘은 교육에서 나옵니다. 그래서 나는 우선 대학을 도와주기로 결심했습니다. 그러면 그 대학의 졸업생들이 전국 방방곡곡에 퍼져 무지와 싸우며 실용적인 지식을 널리 전파할 거라 생각합니다."

록펠러는 남북전쟁 동안에는 흑인 목사들과 교회, 고아원, 청각 장애인, 언어 장애인을 후원했다. 그는 늘 흑인 복지에 대해 특별한 관심을 보였는데, 당시의 사업가로서는 매우 이례적이었다. 1880년대 들어서도 록펠러는 흑인과 여성이 모두 고등교육에서 외면당하던 현실을 안타까워하면서 거액을 기부했다.

록펠러는 특히 흑인의 복지에 매우 열성적이었다. 그는 미국의 흑인 교육의 선구자이고 흑인 지도자라 할 수 있는 부커 T. 워싱턴(Booker T. Washington, 1856~1915) 같은 사람들을 조력자로 맞아들였다. 부커는 가장 저명한 흑인 사회의 대변자였다. 그는 수십 년 전 록펠러가 다니던 클리블랜드 교회에서 장학금을 받은 사람이었는데, 남부 일대에서 흑인들을 위한 배움의 전당을 이끌어 나가느라고 분투하고 있었다. 그는 터스키기란 곳에서 15년 동안 굳은 의지와 노력으로 흑인들을 무지와 빈곤의 구렁텅이로부터 일으켜 세우는 노력을 기울고 있었다. 그가 세운 '터스키기 학원'은 학교 건물이 모두 40채가 되었는데 4채를 빼놓고는 모두 학생들의 노력으로 지어졌다. GEB는 부커 T. 워싱턴 같은 이들을 지원함으로써 인종, 성, 종교의 차별 없는 교육을 이루려는 중요한 근대적인 사명을 부여했다.

이 재단은 전국적인 교육사업을 펼쳤는데 약 1억 3000만 달러에 달하는 록펠러의 기부금으로 수천 개의 고등학교, 농업학교, 의대 등에 지원했고, 그 외에 교육재단이라는 설립 취지에 맞는 많은 교육 관련 자선사업을 추진했다.

록펠러의 일반 교육 위원회에서 가장 먼저한 교육사업은 미국 전문 의학 교육을 개혁하고 표준화한 것이었다. 특히 24개의 종합대학을 후원했는데 존스홉킨스 대학, 예일 대학, 하버드 대학, 콜롬비아 대학, 시카고 대학 등이 포함되어 있다. 이들 대학은 지금까지도 미국의 최고 대학으로 명성을 날리고 있다.

실제로 시카고 대학은 전국에서 제일 먼저 독립적인 학문을 추구한 대학으로 유명해졌다. 시카고 대학은 시작할 때부터 종교, 성, 인종의 구분 없이 신입생을 받았고, 침례교와의 연관성도 빨리 끊어버렸다. 또한 스탠더드사의 정유소 인수·합병 속도보다 더 빠른 속도로 각종 학칙에서 최고의 교수진을 영입했다.

록펠러는 시카고 대학 15주년 개교일에 처음으로 학교를 방문했다. 학교 측에서는 학생들을 시켜서 록펠러를 찬양하는 노래를 만들어 부르게 하면서 그를 환영했다. 학생들의 환영 노래를 들은 록펠러는 이렇게 말했다.

"그 돈은 하나님께서 주신 것입니다. 그러니 어떻게 시카고 대학에 기부하지 않을 수 있습니까?"

또한 록펠러는 자신이 벌이는 자선사업에 대해서 이렇게 말했다.

"적어도 나는 하나님께 축복의 씨를 뿌리면서 반드시 20년, 30년 후에 어마어마하게 결실이 맺힐 것을 볼 수 있었던 사람이었습니다. 나는 이런 하나님의 경제학을 철저히 나의 어머니에게서 배웠습니다. 모든 것은 하나님께서 예비하신 것입니다."

록펠러는 1889년에 어머니가 76세로 돌아가시자 뉴욕 맨해튼에, 미국 정신사에 크게 영향력을 행사하게 되는 '리버사이드 교회'를 지어서 바쳤다.

그것은 자신에게 어머니가 가르쳐준 기본적인 신앙을 오래도록 기리기 위한 것이었다. 리버사이드 교회의 봉헌식이 거행되던 날, 많은 사람들이 록펠러와 그의 가족에게 감사의 기도를 올렸다.

그때 록펠러는 그들에게 화답하면서 간단한 한 마디 말을 남겼다.

"주님께 받은 것, 주님께 드렸을 따름입니다."

너희가 손을 펼 때에 내가 눈을 가리우고 너희가 많이 기도할찌라도 내가 듣지 아니하리니 이는 너희의 손에 피가 가득함이니라

〈이사야 1장 15절〉

24. 하나님의 계획

> 무엇이 사람들을 훌륭한 기독교인으로 만들든지 간에
> 그것은 그들을 훌륭한 시민으로 만든다.
> -D. 웹스터

특별한 조력자 게이츠 목사

나이가 들면서 록펠러의 유일한 관심사는 어떻게 하면 자신의 재산을 자선사업에 지혜롭게 쓸 수 있는가 하는 것이었다. 록펠러는 자선사업이 하나님의 계획이라는 것을 굳게 믿었다. 그는 우선 집중적이고 치밀한 자선사업을 벌이기 위해서 기업 경영에서 그랬듯이 자선사업에서도 뛰어난 협력자를 찾았다.

그때 홀연히 나타난 사람이 38세의 젊고 열정이 넘치는 프레드릭 T. 게이츠 목사였다. 뉴욕 토박이인 게이츠 목사는 침례교회 목사의 아들로 태어나 자신도 목사가 되었는데, 준수한 외모에 감성이 풍부한 사람이었다.

1891년 3월, 록펠러는 시카고 대학을 후원하기 위해 결성된 침례교회 전국 지도부 모임에서 게이츠를 처음 만났다. 게이츠는 그 모임에서 시카고에 침례교 학교를 세워야 하는 이유에 대해서 꽤나 과학적인 조사에 기초한 의견을 제시했다.

록펠러는 게이츠의 논리적이면서 활달한 성격이 마음에 들어 그를 사무실로 초청했다. 사무실에서 게이츠와 대화를 나눈 록펠러는 이 사람이야말로 자신이 앞으로 벌이고자 하는 자선사업을 관리해줄 적임자라 판단했다. 록펠러는 그 자리에서 게이츠에게 그로서는 보기 드물게 직설적으로 부탁했다.

"게이츠 씨, 나는 지금 아주 곤란한 입장에 처해 있습니다. 자선사업을 하려 해도 어디서부터 손을 대야 할지 모를 지경입니다. 구호를 바라는 손길이 너무 많아 주체할 수 없을 정도지요. 나는 세심한 사람이라, 과연 기부할 충분한 이유가 있는지 철저히 조사하기 전에는 결제하지 않아요. 그러다 보니 회사 일보다 그 일에 더 시간과 노력을 써야 할 실정입니다."

록펠러는 그 자리에서 게이츠에게 자신의 일을 도와 달라고 요청했다. 석 달 후, 게이츠는 록펠러가 벌이는 자선사업 총책임자가 되었다.

게이츠는 자선기금을 관리하면서 많은 사기꾼들이 록펠러의 돈을 잘못 사용하고 있다는 사실을 밝혀냈다. 록펠러가 교회 친구들이나 믿을만한 사람들의 조언을 받아 자선 계획을 세우고 꼼꼼하게 사업의 타당성을 검토했다고는 하지만, 회사 일을 하면서 그 일을 병행한다는 것은 아무래도 역부족이었던 것이다.

게이츠는 언제나 마르지 않는 자선사업 아이디어의 원천이었다. 그는 지원금을 원하는 사람들에게서 문서화된 지원서를 받고, 그것을 하나하나 면밀하게 검토한 후 가장 명분이 있고 가능성 있는 사업만 록펠러에게 추천했다. 게이츠는 록펠러가 자선사업을 새로운 하나님의 사업으로 여긴다는 것을 알고 있었고, 언제나 새롭고 반짝이는 아이디어를 내놓음으로써 록펠러의 관심을 사는 데 성공했다. 나중에

게이츠는 록펠러의 자선사업에 질서를 잡아가던 이 시기를 이렇게 회상한다.

"록펠러의 즉흥적인 자선은 그만한 가치가 없거나 사기에 걸린 경우가 적지 않았다. 하지만 한편으로 나는 그의 모든 기부 활동에 과학적인 기부 원칙을 부여해 나갔으며, 얼마 지나지 않아서 직접적인 기부를 대부분 없애고 간접 기부 방식을 무사히 유쾌하게 정착시켰다."

록펠러 의학 연구소

게이츠는 제일 먼저 록펠러의 이름을 딴 자선단체를 설립할 것을 제의했다. 그는 록펠러에게 인류애를 위한 사업에는 시간, 장소, 법의 제약이 없으며, 스스로 영구히 지속되는 힘이 있다고 강조하고, 비등하는 독점자본에 대한 비판 여론을 잠재우기 위해서라도 록펠러의 이름을 딴 자선단체가 필요하다고 말했다. 그 의견에 동의한 록펠러는 첫 번째 결실로 1901년 미국 최초의 의학 연구소인 '록펠러 의학 연구소'가 문을 열었다.

록펠러 의학 연구소는 파리의 파스퇴르 연구소와 베를린의 코흐 연구소를 모델로 만들어졌는데, 뉴욕의 이스트사이드에 대규모의 실험 설비를 갖춘 최첨단 연구소였다. 록펠러 의학 연구소는 '질병은 인류의 삶에 대한 최대의 적'이라고 규정하고 미국 의학의 전문화와 선진화를 위해 의학 인력의 양성과 실험 의학 발전 프로그램을 전개해 나갔다.

이 연구소 소장으로는 저명한 의사인 펜실베이니아 대학의 아브라

함 플렉스너(Abraham Flexner) 박사가 선임되었고, 많은 유능한 학자들과 행정 직원들을 엄선해 발탁했다. 플렉스너는 연구소 창립 4년 만에 유행성 뇌막염을 치료할 수 있는 혈청을 개발해냄으로써 록펠러 의학 연구소를 세계적인 연구소로 만들어 나갔다.

플렉스너는 록펠러의 막대한 후원에 용기를 얻어 의과대학의 제도적 정비, 정규직 교수의 완전고용제 시행, 임상시험 연구 수준 강화에 초점을 맞춘 미국 의학 교육 개혁의 청사진을 만들어 나갔다.

또한 록펠러 의학 연구소는 존스홉킨스 대학(Johns Hopkins University) 의학부에서 최초의 정규직 교수 완전고용제를 지원해서 미국 내의 기초의학연구 기반 확립에 기여했고, 연방정부 사회위생국(Bureau of Social Hygiene)을 20년간 장기지원하기로 함으로써 실험 의학에 기반한 기초 의학을 강화시켰다.

동시에 이 연구소는 국내외의 공중보건 향상 사업 후원에도 앞장서서 십이지장충 퇴치 캠페인을 성공적으로 전개했고, 황열병의 백신 개발과 소아마비, 폐렴 백신을 개발하는 등 중요한 의학적 성과를 거두었다.

게이츠는 록펠러 의학 연구소에 대해서 종교적인 의미를 부여하며 이렇게 말했다.

"이 성스러운 방마다 그분의 목소리가 들린다. 그분의 비밀스러운 말씀이 이 방에서 일하는 사람들에게 전능자의 감춰진 신비를 드러내 주신다."

이 연구소의 중요한 성과는 치료제 개발뿐만 아니라 공공의료 보건 활동의 전개에 있어서 세계적으로 선도적 역할을 하게 되었다는 점이다. 게이츠는 연구소에 대한 록펠러의 사랑을 이렇게 표현했다.

"록펠러 회장은 연구소가 이뤄낸 공적과 또 미래의 무한한 가능성을 생각하며 기쁨의 눈물을 흘렸습니다."

록펠러는 이 연구소에 총 6100만 달러를 기부했는데 1950년대에 이르러 박사 과정과 연구비만을 제공하는 전문화된 대학으로 변모했다. 그 후 1965년 이 학교의 이름은 '록펠러 대학'으로 공식 변경되었다. 록펠러 대학의 연구팀은 DNA가 유전적인 형질을 전달한다는 사실과 바이러스가 암의 원인이라는 것도 밝혀냈다. 록펠러 대학 연구소에 몸담은 의사들 중 19명이 노벨상을 수상함으로서 이 연구소의 진가를 세계에 알렸다.

효과가 의심스러운 만병통치약을 팔고 돌아다니던 돌팔이 약장수의 아들이 거둔 정말 믿기 어려운 위업이었다. 윈스턴 처칠은 록펠러가 임종하기 얼마 전에 다음과 같은 찬사를 남겼다.

"역사가 록펠러에게 최후의 평결을 내린다면, 그것은 마땅히 그가 의학 연구에 기부한 행위가 인류의 진보에 이정표 역할을 했다는 것이어야 한다. 과학은 처음으로 머리를 얻었다. 보다 장기적인 대규모 실험이 가능해졌고, 그 일을 맡은 사람들은 재정상의 어려움에서 벗어날 수 있었다. 르네상스 시대 예술이 교황과 군주들의 후원에 힘입었던 만큼이나, 오늘날 과학은 관대하고 통찰력 있는 부자들에 빚지고 있다. 이러한 부자들 가운데 록펠러는 가장 훌륭한 전형이다."

록펠러는 연구소를 자유롭게 운영하는 데 방해가 되지 않게 하려고 이곳을 단 한 번도 찾아가지 않았다. 그는 무엇이 비즈니스이고 무엇이 아닌지를 알고 있었듯이, 자신의 영역과 한계를 안 사람이기도 하다.

부(富)는 주로부터 말미암는다

1911년, 미국 대법원은 스탠더드 오일 트러스트의 해체를 결정했다. 그때 록펠러는 포칸티코 별장에서 골프를 치고 있었다. 법원의 결정문을 받아든 그는 그 문서를 읽는 대신 그는 함께 골프를 치던 지방 목사에게 이렇게 말했다.

"사랑하는 친구, 이제 우리는 대법원의 명령에 따라야 할 것 같네. 훌륭한 우리 가족들, 스탠더드 그룹은 이제 뿔뿔이 흩어지게 되었다네. 친구여, 스탠더드 오일 사의 주식을 매입할 생각이 없는가? 이제 막 하나님의 또 다른 시험이 시작되었다네."

마침내 거대한 스탠더드 오일은 34개의 개별 회사로 해체되었고, 각 회사의 투자자들은 비례에 맞춰서 지분을 배당받았다. 마침내 록펠러는 진정한 의미의 은퇴를 할 수 있었고, 미국 전역에서 엑슨, 세브런, 모빌 그리고 아모코와 같은 석유회사가 생겼다.

그러나 스탠더드 오일 트러스트의 해체는 묘한 후폭풍을 몰고 왔다. 이제 막 하나님의 또 다른 시험이 시작되었다는 록펠러의 말은 적중했다.

주주들이 각자의 지분을 받은 지 일주일 만에, 사상 최초로 월 스트리트에서 거래되기 시작한 스탠더드 오일 계통의 회사 주식은 유례없는 상종가를 쳐서, 이전의 트러스트 가치를 극적으로 부풀리는 결과를 가져왔다. 처음으로 스탠더드 오일 계통의 주식을 살 수 있게 된 일반 시민들이 오히려 스탠더드 오일의 진정한 가치를 알고 있었던 셈이다. 스탠더드 오일 계열사의 주식 가치는 5개월 만에 네 배로 늘어났다.

아이러니컬하게도 2억 달러였던 록펠러의 총재산은 트러스트 해체 이후에 10억 달러를 넘어서게 되었다. 트러스트의 해체는 오히려 그의 재산을 다섯 배나 부풀려 준 결과를 가져왔다. 그는 이제 어느 누구도 따라올 수 없는 세계 제일의 부자가 된 것이다.

록펠러는 하나님의 또 다른 시험이 시작되었다는 말로써 이러한 사태를 정확하게 예견하고 있었고, 아주 침착하게 그 이후의 사업을 준비하고 있었다.

선거 공약에 따라 트러스트 해체에 앞장섰던 시어도어 루스벨트 대통령 자신도 이러한 아이러니에 대해 아연실색하고 말았다. 그는 트러스트 해체 이듬해인 1912년의 어떤 연설에서 이렇게 말했다.

"요즘 월 스트리트에서는 이런 기도가 유행한다고 합니다. '오, 은혜로우신 하느님! 제발 한 번만 더 해체되게 해 주소서.'"

모든 재난을 기회로 바꿔라

가만히 있어도 재산이 눈덩이처럼 불어나자 게이츠는 록펠러에게 이런 편지를 보냈다.

"회장님의 재산은 눈덩이가 불어나듯이 엄청난 속도로 증가하고 있습니다. 걷잡을 수 없을 정도라서 걱정입니다. 돈이 불어나는 속도보다 더 빨리 나누어주셔야 합니다! 그렇지 않으면 회장님은 물론, 회장님의 자녀분들, 그리고 손자의 손자의 손자까지 재산에 치어 죽을지도 모릅니다."

록펠러도 이에 동의했다. 그는 이제 막 시작된 하나님의 또 다른 시험의 의미를 알고 있었고, 그 뜻을 거역할 때는 또 다른 재난이 덮쳐올 것이란 것도 알고 있었다. 록펠러는 평소의 지론인 '모든 재난을 기회로 바꾸라'는 생각을 이때도 했다. 그러면서 그는 문득 성경책을 펼쳐 들고 읽었다.

"이것이 곧 적게 심는 자는 적게 거두고 많이 심는 자는 많이 거둔다 하는 말이로다. 각각 그 마음에 정한대로 할 것이요 인색함으로나 억지로 하지 말찌니 하나님은 즐겨 내는 자를 사랑하시느니라. 하나님이 능히 모든 은혜를 너희에게 넘치게 하시나니 이는 너희로 모든 일에 항상 모든 것이 넉넉하여 모든 착한 일을 넘치게 하게 하려 하심이라. 기록한바 저가 흩어 가난한 자들에게 주었으니 그의 의가 영원토록 있느니라 함과 같으니라. 심는 자에게 씨와 먹을 양식을 주시는 이가 너희 심을 것을 주사 풍성하게 하시고 너희 의의 열매를 더하게 하시리니. 너희가 모든 일에 부요하여 너그럽게 연보를 함은 저희로 우리로 말미암아 하나님께 감사하게 하는 것이라 〈고린도후서 9장 6~11절〉"

이 성경 구절은 사도 바울이 고린도에 있는 성도들에게 보낸 두 번째 편지인데 다른 도시에 있는 성도들에게 관대함으로 베풀 것을 권고하는 구절이다. 록펠러는 하나님이 자신에게 아직도 크나큰 사랑을 베풀고 계시다는 것에 뜨거운 눈물을 흘리지 않을 수 없었다.

록펠러는 자신이 젊은 날 스탠더드 오일 경영에 성공했듯이, 자선사업에서도 위대한 업적을 남길 수 있으리라 확신했다. 그의 새로운 참모인 게이츠 목사는 자선사업이란 시대를 뛰어넘어 영원히 존속할 수 있는 제도라고 누누이 강조하기도 했다. 게이츠는 록펠러에게 그의 천재적인 조직력을 자선사업에 적용해 볼 것을 강력하게 권했다.

은퇴한 록펠러는 늘 그래왔지만, 또다시 할 일이 많아졌다. 이제 그는 돈 버는 일이 아닌, 돈 쓰는 일로 바빠진 것이다. 세계 최고의 부자 록펠러는 세상에서 가장 큰 자선사업가로 변모했다. 그는 여러 가지 계획과 투자에 돈을 썼는데, 마치 가진 재산을 전부 없애버리겠다는 듯이 무모하게 보일 정도였다. 그는 젊은 날 사업에서 보여준 과단성을 자선사업에서도 여지없이 보여주기 시작했다.

록펠러는 스탠더드 오일이란 제국을 건설한 바로 그 정신으로 '자선제국'을 건설했다. 그는 석유 사업을 정력적으로 벌이던 젊은 시절처럼 자선사업을 조직하는 일에서도 그에 못지않은 즐거움을 느꼈다. 실제로 그는 은퇴 후에는 투자보다도 자선사업에 더 많은 시간을 할애했다.

그렇게 자선사업을 하면서도 돈이 놀고 있는 것을 가만두지 않았다. 한 번은 자신이 시카고 대학에 기탁한 돈이 무이자로 은행에 예치되어 있다는 말을 듣고 록펠러는 그 돈을 6%의 이자로 빌려오게 했다. 그는 이 일에 대해 게이츠 목사에게 이렇게 말했다.

"난 돈이 노는 것을 그냥 놔둘 수가 없어요. 돈은 회전시키라고 있는 것입니다."

그는 돈의 효용 가치를 아는 진정한 사업가였다.

그러므로 내가 너희들에게 말하노니 무엇이든지 기도하고 구하는 것은 받은 줄로 믿으라 그리하면 너희에게 그대로 되리라

〈마가복음 11장 24절〉

25. 은퇴

가난하다는 말은 너무 적게 가진 사람을 두고 하는 말이 아니라
더 많은 것을 바라는 사람을 두고 하는 말이다.

-세네카

은퇴 생활

록펠러 의학 연구소와 일반 교육 위원회(GEB)의 일은 게이츠 목사와 아들 록펠러 2세에게 맡기고, 록펠러는 그야말로 여유 있는 은퇴 생활을 즐기기 시작했다.

록펠러는 평생 충실한 남편이자 헌신적이고 모범적인 아버지였다. 젊은 시절엔 바쁜 사업 일정으로 가정을 잘 돌보지 못한 적은 있어도 등한시하지는 않았다. 이제 평생을 바친 사업에서 은퇴한 록펠러는 가족들과 좀 더 행복한 삶을 누릴 수 있기를 간구했다.

그러나 그 일은 가족들의 건강 때문에 여의치 못했다. 록펠러는 50대 중반에 혹독한 병마가 스쳐 간 이후 건강을 잘 유지하며 생활하고 있었다. 그러나 가족들은 그렇지 못했다. 그의 큰딸 베시는 건강이 좋지 않아서 40세의 젊은 나이에 세상을 떠났고, 막내딸 에디스와 아내도 건강이 별로 좋지 못했다. 록펠러가 많은 신경을 기울였지만, 아내는 몸이 점점 쇠약해져 갔고 신경도 날카로워지기만 했다. 평소에 여

행을 좋아하던 록펠러였지만, 그 무렵에는 아내의 건강 때문에 거의 집에서 아내와 함께 지냈다. 그는 아내에게 책을 읽어 주고, 정원도 개조해서 보다 많은 꽃을 볼 수 있게 해 주었다.

한편 록펠러는 손주들을 불러들여서 정원을 가꾸는 법을 가르쳐주거나 용돈을 나누어주는 것을 낙으로 삼았다. 그는 아이들에게 용돈을 주면서 돈을 '낭비하지 말라'는 말을 빠뜨리지 않았다.

"애들아, 돈을 쓸 때는 아주 아껴 써야 한다. 그리고 너희들이 커서는 가난한 사람들을 도와줄 능력을 갖추어야 한다는 것을 잊어서는 안 된다."

록펠러는 자신의 은퇴 생활을 골프를 치거나, 장난삼아 주식을 사고파는 생활을 하며 즐겼다. 당시 골프는 새롭게 인기를 누리는 스포츠로 각광을 받기 시작했는데, 록펠러는 은퇴 후에 본격적으로 골프에 빠져들기 시작했다.

그때부터 록펠러는 골프광이 되었다. 록펠러의 주치의면서 그와 함께 자주 골프를 쳤던 해밀턴 비거 박사는 록펠러가 골프 덕분에 건강을 회복했다고 말했다. 그는 기자에게 이렇게 말했다.

"골프에 열중한 이후 록펠러는 외모도 눈에 띄게 변했습니다. 피부만 해도 전에는 창백하고 주름졌던 것이 이제 팽팽하고 혈색이 좋고 건강미가 넘칩니다."

은퇴 후에 록펠러가 주식투자를 게임처럼 즐기기 시작한 것은 오로지 두뇌 회전을 위해서였다. 그는 사업에서 은퇴했다고 해서 자신의 머리마저 녹스는 것을 방지하기 위해서 자기 나름대로 방식을 정해놓고 주식을 사고팔았는데, 그것은 값이 오르면 팔고 내리면 사는 아주 단순한 방식이었다. 그는 이 주식 게임에서도 왕년의 천부적인 감각을 발휘하여 종종 많은 돈을 벌곤 했다. 그중에는 훗날 포드 자동차를 제치고 세계 제일의 자동차 업체로 성장한 제너럴 모터스의 주식도 포함되어 있었다.

그런데 록펠러는 은퇴 이후 재산이 놀라운 속도로 불어나고 있었다. 그가 스탠더드 오일을 경영하고 있을 때는 보통 12% 비율로 고정 배당금을 지급했다. 그런데 아치볼드가 회사를 경영하면서 배당률이 무척 높아졌다. 1896년에 31%, 1897년과 1899년에는 33%까지 급등했다. 그 덕분에 스탠더드 오일의 주식은 1897년에 176달러에서 1900년에는 최고 458달러까지 껑충 뛰었는데 최고 수혜자는 다른 누구도 아닌 록펠러였다.

그렇지만 록펠러는 자기 손에 쥐고 있는 것을 차례차례 놓아가고 있었다. 아직 록펠러는 본격적인 유산 상속을 시작하지는 않았지만, 주변의 것을 록펠러 2세를 비롯한 자식들에게 하나하나 넘겨주기 시작했다.

록펠러는 젊은 시절 사업가로서 입지를 굳힐 때 살았던 유클리드 애버뉴의 집도 아들에게 넘겨주었다. 그때 아내가 록펠러에게 의아스럽게 물었다.

"여보, 우리의 보금자리를 그렇게 넘겨줘도 되요?"

그러자 록펠러는 아내의 손을 잡으며 이렇게 대답했다.

"여보, 우리에겐 아직도 남은 보금자리가 몇 개나 더 있지 않소."

록펠러는 뉴욕, 클리블랜드, 플로리다 그리고 메인주의 마운트 데저트 섬 실 하버에 저택을 가지고 있었다. 그는 또 뉴저지의 레이크우드에 '골프하우스'라고 이름 붙인 별장을 짓고 그곳에서 여생을 보낼 준비를 했다. 하지만 아내의 건강이 악화되어 그마저 여의치 않게 되었다. 아내가 뇌졸중 증세를 보이며 쓰러져서 그런 여유를 가질 수 없게 되었다.

록펠러는 겨울을 포레스트 힐에서 아내와 처제와 함께 보냈다. 두 자매는 뉴욕으로 가는 짧은 여행도 하기 힘들 정도로 건강이 좋지 않았다.

록펠러 부부는 75세가 되었을 때, 마침내 도시를 떠나 그해 겨울을 따뜻한 플로리다에서 보냈다. 록펠러 부부는 그곳에서 50번째 결혼 기념일과 75번째 생일을 맞이했다. 그곳에 머무는 동안 아내의 건강은 다소 회복되는 것 같았다.

로라는 다시 기력을 되찾아서 평생 적어오던 일기를 쓸 수 있게 되었는데 이렇게 적었다.

"존은 매우 쾌활했고 위안을 주었으며, 내가 서서히 차도를 보이는 것에 기뻐했다."

그 무렵 록펠러는 유클리드 애버뉴 침례교회를 방문한 적이 있었는데, 그는 연설하다가 문득 아내의 창백한 얼굴을 바라보더니 이렇게 말하는 것이었다.

"저더러 사람들은 인생에서 많은 것을 이루었다고 말합니다. 물론 제가 열심히 일했다는 것은 압니다. 그러나 제가 성취한 최고의 일인 동시에 저에게 가장 큰 행복을 가져다준 것은 바로 로라 세티 스펠만을 얻은 것입니다. 이제껏 내게는 단 한 사람의 연인만 있었고, 아직도 그렇게 말할 수 있는 것에 감사합니다.

아내의 죽음

록펠러의 아내 로라 스펠만은 그다음 해인 1915년 3월 12일, 76세의 나이로 세상을 떠났다. 그날 로라는 하녀에게 정원을 둘러보고 꽃 향기를 맡고 싶다며 휠체어를 가져다 달라고 했다. 그런데 그녀는 우유 한 잔을 마시고 맛이 좋다고 말하고는 어지럼증을 참지 못하고 힘없이 베개에 머리를 대고 누웠다.

다음 날 아침 10시 20분, 로라는 언니의 손을 꼭 쥔 채 눈을 감았다.

그날 뉴저지 레이크우드의 골프하우스에 있던 록펠러와 아들은 연이어 날아온 전보를 받았다. 먼저 온 전보는 로라가 위독하다는 것이었고, 바로 뒤이어 로라가 세상을 떠났다는 사망 소식이었다. 아내의 죽음이 임박했다는 사실은 알고 있었지만, 막상 아내가 세상을 떠났다는 소식을 듣자 그는 전보를 손에 쥔 채 정신이 멍해졌다.

아내의 임종을 보지 못한 록펠러는 무척 상심해서 눈물을 흘렸다. 아들은 아버지가 눈물을 흘리는 모습을 처음 보았다. 록펠러는 즉시 북행 열차를 타고 아내가 잠들어 있는 포란티코로 향했다.

록펠러는 조용히 너무나 평화롭고 편안한 얼굴로 잠든 듯이 누워 있는 아내의 모습을 오랫동안 바라보았다. 그는 애수에 젖은 눈으로 파란만장한 생을 함께한 아내를 지켜보며 하염없이 눈물을 흘렸다.

록펠러는 외국에 나가 있어서 장례식에 참석하지 못한 딸 에디스에게 이러한 편지를 보냈다.

"네 엄마의 얼굴이 천사처럼 빛나고 있구나…"

아내의 장례를 치른 록펠러는 아내를 기념하기 위해서 7400만 달러를 기부해서 '로라 스펠만 록펠러 재단'을 설립했다. 이 재단은 록펠러가 기부한 기금으로 교회와 선교사를 후원하는 일을 주로 했고, 나중에는 록펠러 재단에 합병되었다. 록펠러는 두 재단에 총 5억 3000만 달러라는 천문학적인 금액을 기부했는데, 그것은 그의 전 재산의 절반에 해당하는 금액이었다.

록펠러는 먼저 저 세상으로 간 아내를 기념하기 위해 자신이 설립해서 후원하고 있는 시카고 대학 안에 시카고 교회를 건축하여 하나님께 바쳤다.

록펠러는 교회 봉헌식에서 이렇게 말했다.

"인생에서 제게 가장 큰 행복을 안겨준 일, 제가 이룬 가장 큰 업적이라면 사랑하는 아내를 얻은 것입니다."

록펠러는 평생 동안 어머니와 아내의 신실한 신앙심을 기념하기 위해서 4,928개의 교회를 지어 사회에 헌납했다.

가장 소중한 것, 두 가지

아내가 세상을 떠난 후, 록펠러는 골프에 더욱 탐닉했다. 그는 노후를 뉴저지 레이크우드의 골프하우스에서 골프를 치며 보냈다. 그는 특유의 집중력과 침착함으로 집중적으로 골프를 배워 나갔다. 프로 골퍼를 초빙해서 코치를 받는 한편, 당시로써는 남들이 상상도 하지 못하는 방법을 동원해서 골프를 배웠다.

그는 자신의 스윙 장면을 사진으로 찍는 것은 물론 영사기를 가져다가 프로들과 자신의 스윙 폼을 찍어서 비교하며 자세를 교정해 나갔다. 그러자 그의 실력은 일취월장했으며 프로선수에 못지않은 장타도 날리기 시작했다.

어느 날 같이 골프를 치는 친구에게 물었다.

"어때, 이 정도면 나도 꽤 괜찮은 골퍼 아닌가?"

그러자 친구가 대답했다.

"역시 자네는 놀라운 친구야. 그래, 자네는 사업에서 석유왕이 되었듯이 골프왕도 될 것이네."

그 말에 록펠러는 크게 소리 내어 웃었다.

말년에 록펠러는 홀을 옮길 때 걷는 대신 자전거를 타고 이동했다. 그가 자전거에 올라앉으면 캐디가 밀도록 해서 기력을 아꼈으며, 무슨 일이 있어도 아침 라운딩은 빠지지 않았다. 록펠러는 골프 덕분에 온후한 성격으로 변해 갔고 사교성이 더 좋아졌다. 그는 매일 아침 10시 15분부터 12시까지 골프를 쳤는데, 필드에 도착하자마자 주변 사람들에게 농담을 던지면서 게임을 시작하곤 했다. 게임 중에 콧노래로 찬송가나 대중가요를 흥얼거리면서 우스운 이야기를 하기도 하고, 때로는 자신이 직접 지은 짧은 시를 읊기도 했다.

젊은 시절 록펠러는 과묵한 사람이었지만, 나이가 들면서 말을 많이 하기 시작했고, 점차 적극적인 성격으로 바뀌어갔다. 그의 처제는 그런 록펠러를 보고 형부가 '절도 있을 뿐만 아니라 유쾌한 사람'으로 변해 가고 있다고 말했다. 록펠러 자신도 그러한 사실을 알고 있었기에 이런 말을 하기도 했다.

"이제부터 나는 자기 이야기를 하고 싶어 하는 수다쟁이 노인이 되고 싶다."

그의 유머는 자신이 늙어가고 있고, 죽음이 다가오고 있음을 깨달은 달관과 관조에서 나오는 것으로 때로는 시니컬하기까지 했다. 그 후 몇 해 동안 록펠러의 몸은 마른 장작처럼 말라갔지만, 행동은 오히려 점점 가볍고 활기차게 변해 갔다. 이제 그는 어머니 엘리자의 아들이라기보다는 자신이 가장 싫어하던 빅 빌의 아들이 되어가는 듯했다.

그 무렵부터 록펠러는 다소 주책맞은 행동도 스스로에게 허용했다. 그는 옷차림이며 세상을 대하는 방식도 바꾸어 갔다. 이따금 노란색 비단 코트를 입는 등 옷도 화려하게 입기 시작했고, 전에는 죄악이 가득하다고 여겼던 연극 무대도 들러 관람했다. 그는 심지어 자신의 농장인 포리스트 힐에 아마추어 연극인을 위한 소형 원형극장을 마련해서 그들을 초청해 연극을 상연하기까지 했다.

또 진짜 골프광이 된 록펠러는 포칸티코에 12홀을, 포레스트에는 9홀의 골프장을 만들어서 비가 오나 눈이 오나 날씨에 상관없이 거의 매일 골프를 쳤다. 더운 날이면 그는 시원한 종이 조끼에 고객용 헬멧을 쓰고서 골프를 쳤고, 비서들이 우산을 받쳐주거나 눈을 치워야 하는 날씨에도 골프를 쳤다.

1904년 12월 초, 웨스트체스터 카운터에 눈이 15센티미터나 내렸을 때의 일이다. 동료 사업가인 일라이어스 존슨은 골프 경기를 하자는 록펠러의 전화를 받고 깜짝 놀랐다.

"아니 이렇게 눈이 내렸는데 무슨 골프를 치자는 소리야?"

그러자 록펠러는 아주 유쾌한 목소리로 말했다.

"이 사람아! 일단 올라와서 한 번 보고 나서 말을 하게."

필드로 달려간 존슨의 눈앞에는 놀라운 광경이 펼쳐져 있었다. 세상이 온통 하얀 눈뿐인데 조각한 듯이 빛나는 초록빛 골프 코스를 보앗던 것이다. 록펠러는 사람을 사서 인부들이 말을 몰고 넉가래로 부지런히 페어웨이 다섯 군데와 퍼팅 그린의 눈을 치웠던 것이다.

그날 골프 경기가 끝난 후 존슨은 "이렇게 멋진 경기는 해본 적이 없었네. 난생처음이야"라고 말했다.

그만큼 록펠러는 골프에 푹 빠져 있었다. 그는 정말로 날씨에 상관없이 언제나 골프를 쳤다. 그의 골프장이 있는 포칸티코 힐에서는 직원들이 상근하며 잔디를 관리했다. 그들은 종종 이른 아침에 특수 잔디 깎기 기계, 땅 고르는 기계, 대나무 막대 등으로 풀잎에 맺힌 이슬을 닦아내고 코스를 손질했다.

그는 조카딸에게 자랑하듯 이렇게 말했다.

"어제 아침에는 날이 흐리고 기온이 영하 5도인데도 경기를 했단다. 포칸티코 힐스는 정말로 추웠지만, 그래도 골프를 친다는 것은 건강에는 좋은 일이었지."

록펠러는 함께 라운딩하는 사람들을 따뜻하게 해주려고 종이 조끼를 나누어주었다. 그것은 록펠러의 트레이드마크가 되었다.

그는 그 무렵부터 이런 말을 남기기도 했다.

"내 인생에서 가장 중요한 것은 신(God)과 골프(Golf)다."

이처럼 골프광이 된 록펠러는 풍광이 아름답기로 유명한 하와이 코할라 지역에도 골프장을 건설해서 그곳까지 가서 골프를 즐겼다. 록펠러의 꿈은 이 아름다운 천혜의 장소에 세계 최고의 골프 코스를 만드는 것이었다. 그는 유명 골프 설계가인 로버트 트라렌 존스 시니어에게 맡겨서 이 아름다운 골프장을 완성했다.

당시는 건설 장비가 미비한 때였지만, 그는 많은 인부를 동원하여 코할라 지역의 검은 용암 밭을 정지하고 부근의 농장에서 트럭 4만여

대 분량의 흙을 실어다 5미터 이상 객토를 하고 그 위에 잔디를 입혔다. 그리하여 하와이 섬 중앙에 우뚝 솟은 마우나 케아 골프장(Mauna Kea Golf Course)이 완성되었다.

록펠러는 개장식에 참석해서 골프를 치며 세상에 이렇게 아름다운 코스는 다시 없을 것이라고 극찬을 아끼지 않았다. 그 후 마우나 케아 골프장은 미국 전역에서 많은 골퍼들이 방문하고 싶어 하는 관광지로 부상했다. 이 골프장은 어느 홀에서나 태평양의 망망대해를 볼 수 있다는 점이 가장 큰 자랑거리가 되었다.

마우나 케아의 산세를 이용한 코스는 지루한 감이 없었고, 산과 나무와 바다가 교묘하게 연출하는 자연미는 지상 최고의 정원에서 코스를 도는 듯한 기분을 자아냈다.

지금도 마우나 케아 호텔은 연중 많은 골퍼들로 붐비고 있다.

내 이름으로 일컫는 내 백성이 그 악한 길에서 떠나 스스로 겸비하고 기도하여 내 얼굴을 구하면 내가 하늘에서 듣고 그 죄를 사하고 그 땅을 고칠찌라

〈역대하 7장 14절〉

26. 록펠러 재단 설립

삶에는 주어진 대로 살아가는 삶과
가꾸어 가는 삶, 두 가지가 있다.
-메리 샤핀 카펜터

록펠러 재단 설립

　록펠러 재단의 설립은 1910년, 록펠러 2세의 장인이자 당시 가장 영향력 있는 국회의원 중 하나인 넬슨 올드리치 상원의원이 설립 인가 서류를 제출하고, 1913년 뉴욕주가 그것을 인가함으로써, 록펠러의 부를 전 세계 인류의 행복을 증진시키기 위한 위대한 기관으로 출범했다.

　록펠러는 이미 1909년부터 5000만 달러 상당의 주식을 위탁하는 서류에 서명함으로써 인류복지 증진을 목적으로 하는 자신의 의사를 밝힌 바 있었고, 록펠러 재단의 설립 인가가 나자 약속대로 '세계 인류의 복지를 증진하기 위해'라는 단서만을 붙인 채 1억 달러를 내놓았다.

　이 재단의 운영은 애초의 계획대로 게이츠 목사와 록펠러 2세가 맡았다. 록펠러 재단의 설계사인 게이츠는 록펠러가 자선재단을 만들어서 운영해야 하는 당위성을 이렇게 강조했다.

"록펠러 회장과 그의 아들로선 이 나라와 세계를 위해, 문명의 진보에 기여하도록 위대한 비영리 재단들을 만드는 것 외에는 방법이 없었습니다. 이제부터 록펠러 재단은 모든 미국인들이 안고 있는 생활상의 문제를 해결하는 매우 뚜렷하게 사업을 벌이는 기관이 될 것입니다. 인류애를 위한 사업에는 시간과 장소, 법위의 제약이 없으며, 스스로 영구히 지속되는 힘이 있습니다."

록펠러 재단이 내걸고 있는 주요한 과제는 기아 근절, 인구문제 해결, 대학의 발전, 미국 내의 기회균등 및 문화적 발전이었다. 록펠러 재단은 창립한 지 얼마 지나지 않아서 게이츠가 꿈꾸었던 모습을 갖추어 가기 시작했다. 아니 어쩌면 록펠러 재단은 게이츠의 대담한 희망보다도 더 빨리 국민 생활의 중요한 부분이 되어가고 있었는지도 모른다.

게이츠의 공언대로 새로운 록펠러 재단은 록펠러가 희사한 자금을 포함해서 1억 8300달러의 기부금을 모았고, 그 이익금으로 미국은 물론 해외로도 문호를 넓혀서 구호와 교육사업, 세계 평화 운동을 펼치기 시작했다.

록펠러 재단은 유럽에서 중국, 일본에 이르는 많은 도시에 의학학교 건립을 위한 자금을 기부했고, 록펠러 의학 연구소가 개발한 백신 등의 의약품으로 말라리아, 발진티푸스, 결핵, 황열병을 비롯한 그 외 많은 질병 퇴치에 공헌했다. 이러한 성과는 재단 연구진 6명이 의약품 개발 중 황열병에 감염되어 사망하는 가운데 이루어진 것이어서 더 의미가 컸다.

그 후로도 록펠러 재단은 인류 역사상 중요한 많은 업적을 많이 남겼다. 설립 이후 무려 20억 달러 상당의 자금을 전 세계 수천 명의 수혜자에게 제공하였으며, 13,000명이 넘는 록펠러 재단 특별연구원에게 보조금을 지급했다. 이들 연구원은 그들의 활동을 통해 록펠러 재단을 빛냈다. 이 재단의 대부분의 사업은 건강 분야에 집중되었고, 당시 성장 분야였던 정신과학과 분자생물학 분야를 후원했다.

우선 록펠러 재단은 20세기 전반 새로운 생물학 분야의 제도화 과정에서 첨병 역할을 수행했다. 기술적인 생물학으로부터 실험 생물학으로의 추이가 본격화되던 1920~1930년대에, 객관적·수학적 특성이 두드러지는 물리학과 화학을 도구로 유기체의 특징을 규명하려는 분자생물학과 유전학이라는 신생 학문의 정착을 후원했다.

록펠러 재단의 연구 후원 전략에는 몇 가지 특징이 있었다. 우선 재단은 대학과의 파트너십을 통해 대학의 기초연구에의 '천사 투자자' 역할을 자처했다. 기초연구에의 전폭적인 지원에도 불구하고 당시 일반적이던 개별 과학자 단위의 연구보다는 집단적인 팀 연구와 학제 간 협력 연구를 유도했다. 이처럼 입체적인 과학 지원 활동의 직간접적인 수혜자에는 170여 명에 달하는 노벨상 수상자들이 포함되어 있다.

재단이 창립된 지 얼마 되지 않아, 그는 지인에게 보내는 편지에 "측정할 수 없는 운명을 잉태한 가슴 벅찬, 위대한 사업에 동참하고 있으니 얼마나 행운이냐"라고 자랑스럽게 썼다.

그 후 게이츠는 72세의 나이로 재단에서 물러나는 퇴임 송별 파티에서 동료들에게 물었다.

"여러분이 죽어서 전능하신 하느님의 심판을 받게 될 때, 그분이 무엇을 물어보실 것 같습니까? 하느님께서 여러분의 사소한 잘못이나 자잘한 선행을 지적하실까요? 아닙니다. 오직 한 가지만 물으실 겁니다. '록펠러 재단의 이사로서 너는 무엇을 했느냐?'고 말입니다.”

게이츠는 그 단체가 언젠가는 스탠더드 오일보다 더 큰 힘을 갖게 될 것을 예견했고, 그 예언은 맞아떨어졌다.

록펠러 재단은 록펠러 가문을 세계에서 자선을 제일 많이 베푼 세계 제일의 명문 가문으로 만들었는데, 그의 자손들은 100년 이상 경영·자선·정치·예술 분야에서 활발한 활동을 펼쳤고, 21세기에 이른 지금도 그 막강한 영향력을 펼치고 있다.

록펠러 재단은 1948년 12월에 약 4만 5000달러를 지원받아 최초의 국어사전을 만들었다. 당시는 해방 이후의 혼란기라서 모든 것이 부족하던 시절이라 사전 출간을 서두르기가 쉽지 않는데, 록펠러 재단의 지원으로 출간을 앞당길 수 있었다.

최근 들어서 록펠러 재단은 아시아와 아프리카 신흥국에 대한 원조를 확대하여 기아 근절·인구 문제·대학 발전·문화 발전에도 많은 지원을 하고 있다.

세계 최고 부자의 철학

록펠러는 은퇴한 후에도 여전히 바빴고 세인들의 이목을 집중하는 뉴스메이커가 되었다.

록펠러 재단이 발족한 이듬해인 1914년, 1차 세계대전이 발발하자 록펠러 재단과 록펠러의 인기는 급상승했다. 록펠러는 재단을 통해 연합군을 후원하는 자금으로 7000만 달러의 거금을 내놓았다. 그는 거기에 그치지 않고 자신의 대규모 농장과 별장을 전쟁 중에 사용할 수 있도록 내놓았다. 그는 자신의 농장에서 사람들이 채소를 마음대로 기를 수 있도록 개방했고, 맨해튼의 저택은 부상자 치료를 위한 병동으로 내놓았다.

그러자 전에는 록펠러를 돈밖에 모르는 기업가 정도로 알던 사람들도 그에 대한 인식을 달리하기 시작했다. 군용 전차에 연료를 공급하는 일에 석유사업자들이 협조해달라고 정부에서 부탁을 해오자 록펠러는 그 요청을 기꺼이 받아들이며 말했다.

"내가 엄청난 재산을 모은 것은 전 세계 인류의 자유와 평화에 도움을 줄 수 있을 때 내놓으라는 하나님의 섭리입니다."

록펠러는 나이가 들수록 자신의 청교도 뿌리에 점점 이끌려가는 듯 소박한 생활에 집착했다. 록펠러는 회고록에서 이렇게 기록하고 있다.

"우리는 물질의 노예로 전락하지 않는 길을 연구해야 한다. 즉 벤저민 프랭클린식의 참에 더 가까워져야 한다는 것이다. 그리하여 식탁보 없는 식탁에 그릇만 죽 놓고 먹어도 아무렇지 않을 수 있어야 한다."

록펠러가 록펠러 재단을 만들어서 자선사업에 투신하게 된 데는 여러 가지 이유가 있지만, 그가 벌어들인 엄청난 재산이 정당하게 벌어들인 것이 아니라는 사회주의자들과 그에 동조하는 일부 시민들의 비판 때문이기도 했다. 그래서 그는 재단을 설립한 1913년부터 '아이비 리'라는 탁월한 언론인을 기용하여 자신의 이미지를 개선하기 위한 노력에 착수했다.

아이비 리는 미국 역사상 기업에 채용된 첫 번째 홍보 담당으로 당시로는 드물게 여러 가지 슬로건과 이벤트를 만들어 내서 여론이 호의적으로 변하는 조용한 변화를 이끌어 내고 있었다.

그런 변화를 바라보며 록펠러는 자기 아들에게 보낸 편지에서 이렇게 썼다.

"어떤 신문을 보면, 가끔씩 이런 말이 보이더구나. 내가 엄청난 돈을 벌더니 갑자기 그 돈을 남들에게 나누어주기 시작했다고 말이다. 하지만 그건 사실이 아니다. 나는 어린 시절에 처음 돈을 모으기 시작했을 때부터 남들에게 돈을 나누어줘 왔단다. 아이비 리에게 부탁해서 그 잘못된 표현을 고쳐야겠구나. 하지만 아주 천천히, 차근차근 말이다…."

하지만 아이비 리는 전문가다웠다. 그는 록펠러가 그런 제안을 하기 전에 홍보 스케줄을 완벽하게 짜놓고 있었다. 그는 록펠러가 재단에 내놓고 있는 거액의 자금에 대해서는 입도 뻥끗하지 않았다. 그것은 부자가 돈을 가지고 호기를 부린다거나 거드름 피는 것으로 일반인들이 받아들일 염려가 있었기 때문이었다.

아이비 리는 우회적인 방법을 동원했는데 그것은 록펠러의 기부금을 받은 사람들이 자발적으로 감사의 글을 써서 발표하게 한 것이다. 또한 그는 록펠러가 억만장자일 뿐만 아니라 자신의 정원을 이웃에게 개방해서 채소를 나누어 먹고, 젊어서부터 교회의 주일교사를 지내는 독실한 신앙인이라는 것, 그리고 골프를 아주 즐긴다는 것 등을 스토리텔링으로 언론에 제공했다.

이러한 튀지 않는 방식의 홍보는 성 안에서 호령하는 장수 같던 록펠러의 이미지를 부드럽게 만들었다. 그 무렵부터 록펠러는 되도록 대중과의 접촉을 피하던 은둔자의 모습에서 탈바꿈하여 언론과의 접

축을 피하지 않았고, 회고록과 자서전을 집필하는 등 자신의 진정한 모습을 세상에 알리기 시작했다.

당시 그는 『사람과 사건의 회고록』이라는 책을 출판했는데 록펠러 의학 연구소에서 출판기념회를 열었다. 그 자리에 참석한 마크 트웨인은 그날을 이렇게 표현했다.

"록펠러 회장은 자리에서 일어나 아주 천천히, 아주 부드럽게, 간단하면서도 인간미 넘치게, 놀랄 만큼 효과적으로 이야기했습니다. 그의 말 한 마디 한 마디가 끝날 때마다 터져 나오는 박수 때문에 그는 말을 끊었다가 이야기를 이어나가야 했습니다."

다음은 그 책의 핵심 내용을 소개한 것이다.

사업가가 자신이 하는 사업에서 성공을 거두려면 가장 중요한 것은 기본적이고 근본적인 사업 수칙을 따라야 한다. 그것은 기존의 고급 거래 법칙을 따르는 것이다. 언제나 변칙적인 방법보다는 정상적인 방법을 고수하는 것이 보다 확실한 결과를 가져올 수 있다.

항상 거래의 자연적인 운영 원리를 살펴보고, 그에 따라 행동하도록 해야 하며, 이것이 올바른지 확실하게 연구해야 한다.

일시적이고 충동적인 이득을 구하는 것은 자멸을 가져올 뿐이다. 작은 성공에 만족하려는 것이 아니라면, 작은 승리밖에 얻을 수 없는 사소한 일에 에너지를 낭비하지 마라.

우선 사업을 시작하기 전에 자신이 선택한 사업이 확실한 성공을 보장하는 것인지 다시 한번 검토해 보는 것이 좋다.

당신의 앞을 똑바로 바라보라.

얼마나 많은 명석하고 장래가 촉망되는 사람들이 자신이 감당해야 할 위험이 어느 정도인지 전혀, 또는 거의 알지 못한 채 중요한 사업에 뛰어들고 있다는 것을 알면 놀랄 것이다.

이런 구식 방법으로 설교하는 나를 용서하기 바란다.

작은 성공에 당신의 머리를 낭비하지 말라. 참을성을 가지고 작은 실패에 좌절하지 말리는 내용의 이 책을 읽는 젊은이라면 정신이 올바를 것이고, 그들에게는 이런 잔소리가 필요없을 것이다.

너희 안에서 행하시는 이는 하나님이시니 자기의 기쁘신 뜻을 위하여 너희로 소원을 두고 행하게 하시나니

〈빌립보서 2장 13절〉

27. 록펠러 2세

성년이 되기까지

록펠러 2세는 부모님의 엄격한 교육과 통제 아래 자라났다. 특히 그는 어머니의 각별하고 엄격한 교육을 받으며 독실한 신앙인으로 컸다. 그는 대단한 부잣집 아들로 태어났지만 평범한 가정의 아이들보다 용돈을 풍족하게 써본 적도 없었고, 자기 마음대로 어떤 모험적인 일을 해보지도 못한 고독한 황태자였다.

그는 대학에 들어가기 전까지 혼자서 여행을 다니거나 여자 친구를 사귀는 일도 제대로 해본 적이 없었다. 대학생이 되어서야 그는 어느 정도의 자유를 만끽할 수 있었다. 록펠러 2세는 난생처음 스스로의 판단에 따라 살아가기 시작한 것이다. 그는 미식축구 경기를 구경하고, 댄스파티에 가고, 여자 친구를 사귀면서 세상의 다른 면을 보고 배웠다. 그는 대학생이 된 첫 해에 새로운 세계를 만난 것에 아주 신나 있었다.

위기가 찾아오기도 했다. 학교에서 댄스파티가 있을 때 어머니는 그에게 춤추는 것을 금지시킨 것이다. 그것은 춤을 추는 것은 유흥에 물드는 것이란 어머니의 판단 때문이었다. 하지만 2학년이 되었을 때 그는 춤을 배웠고, 처음으로 춤추자는 제의를 받아들였다. 그는 계속 그랬다가는 남은 대학 생활을 바보 취급을 받으며 지내게 될 것이 두려웠던 것이다.

그는 3학년이 되기 전 여름방학에, 수염을 기르고 자유분방한 옷차림으로 친구와 함께 자전거를 타고 유럽 여행을 떠났다. 그 여행에서도 철저한 돈 관리와 기록 습관을 계속 지켰기 때문에 친구에게 괴짜라는 소리를 듣기도 했다.

4학년 때 록펠러 2세는 과(科)대표를 맡아서 재정적인 어려움에 빠진 미식축구 팀을 훌륭하게 이끌었다. 아들은 경기가 있을 때마다 항상 아버지를 초청했고, 록펠러는 가족의 의무라고 생각해서 늘 아들의 학교 팀을 응원하러 경기장을 찾았다. 그래서 이따금 경기장에는 모자를 흔들며 브라운 팀을 열심히 응원하고 있는 록펠러의 모습을 볼 수 있었다.

록펠러 2세는 졸업을 앞두고 벌어진 대학 체육대회에서 아버지와 함께 박수갈채를 받으며 달리기 시합을 벌였고, 자신이 직접 댄스파티를 주관하기도 했다.

신입사원

록펠러 2세는 대학 졸업 후, 스탠더드 오일 본사에 연봉 6000달러를 받는 신입사원으로 입사했다. 이미 스탠더드 오일을 은퇴한 아버지는 아들에게 아무것도 가르쳐 주지 않았다. 처음에 록펠러 2세는 자신이 아무런 할 일도 없이 사무실이나 지키고 있다는 기분이 들 정도로 적응을 못했다.

"월급을 타면서도 나는 아무런 성취감을 느끼지 못했다. 나는 그곳에서 일반 직원들이 하는 일조차 따라갈 수 없었다. 그들은 모두 자기 몫의 일을 하고 있었지만, 나에게는 뚜렷한 일거리가 없었다."

그러나 얼마 지나지 않아서 그에게는 해야 할 막중한 일이 주어졌고, 실로 엄청난 파트너까지 배정되었다. 그가 해야 할 일이란 록펠러 의학 연구소, 일반 교육 재단, 록펠러 재단 등을 설립하는 일이었고, 그 일을 하는 파트너는 바로 게이츠 목사였다.

그는 에너지가 펄펄 넘치는 게이츠에게서 일을 배우기 시작했다. 평소 차분하고 수줍음이 많으며 내성적인 성격인 록펠러 2세는 게이츠의 열정적인 성격에 많이 동화되어 열심히 일을 배우기 시작했다.

록펠러 2세는 게이츠와 함께 미국 전역에 널려 있는 방대한 아버지의 사업장을 처음으로 둘러보게 되었고, 그 일을 통해서 자신이 어떠한 위치에 있다는 것을 새삼스럽게 깨닫게 되었다. 그는 그 방문 여행을 통해서 자신이 세계 최고 부자인 아버지를 모시고 있고 앞으로 자신이 그것을 고스란히 이어받아 나가야 하는 운명인 것을 새삼스럽게 깨닫게 된 것이다.

그 무렵 록펠러 2세는 자신의 능력을 스스로 검증받고 싶다는 생각에 빠져 있었다. 그때 그는 데이빗 라마라는 한 투자자를 만났는데, 그는 수많은 회사들의 비밀정보를 많이 알고 있는 그야말로 전문가였다, 록펠러 2세는 그의 꼬임에 빠져서 100만 달러가 넘는 돈을 투자했다. 물론 돈은 아버지에게서 6%의 이자를 주기로 하고 빌린 것이었다.

결과는 참담하게 끝이 났다. 데이빗 라마는 희대의 주식 사기꾼이었고, 그는 록펠러 2세를 노리고 물밑작업을 하고 그를 기다리고 있던 낚시꾼이었던 것이다. 100만 달러라는 거액을 한 방에 날린 록펠러 2세는 참담한 심정이었다. 그에게는 그 손실을 메울 돈이 없었지만, 그가 할 수 있는 일은 아무것도 없었다. 그는 아버지에게 용서를 빌어도 이 일은 용서받을 수 없는 일이란 걸 알았다. 하지만 금액이 워낙 커서 숨기거나 피할 수도 없었다.

록펠러 2세는 자신도 믿기지 않는 이 일을 아버지에게 보고하면서 얼마나 괴로웠는지 그 순간을 죽을 때까지 잊지 못했다.

"나는 입사 후 아버지의 짐을 조금이라도 덜어드리는 데 기여하고자 했다. 그런데 그러기는커녕 짐만 늘려드렸으니 그때는 그저 세상을 등지고 살고 싶을 정도로 비통스러웠다. 아버지께 보고할 때 느낀 수치심과 굴욕감은 결코 잊지 못할 것이다."

그는 이렇게 고백했지만 아버지는 너그럽게 아들을 대했다. 아버지는 철저하게 거래의 세부사항 등을 캐물었을 뿐, 조금도 꾸짖지 않고 차분한 목소리로 말했다.

"존, 걱정하지 마라. 누구나 실수는 하는 법이다. 하지만 너는 나중에라도 그 돈을 벌어서 갚아야 한다는 것을 잊지 마라."

그것이 바로 록펠러 방식이었다. 록펠러는 아들의 표정을 보고 자학에 가까울 정도로 자기 자신을 책망했다는 것을 읽었다. 만약 그를 나무란다면 무슨 소용이 있겠는가? 진정한 교훈은 그가 말하지 않은 것 속에, 행하지 않은 것 속에 들어 있는 것이니까… 아버지는 관용을 베풂으로써 아들의 영원한 충성을 얻었다.

그런 일이 있은 후, 록펠러 2세는 아버지에게 감사의 마음이 넘치는 편지를 보냈다.

존경하는 아버지께

어젯밤 아버지께서 제 봉급 인상에 대해서 하신 말씀을 듣고 저는 무척 놀랐습니다. 저는 이번 봉급 인상이 아버지의 저에 대한 사랑과 신뢰라는 것을 깨닫게 되었습니다. 아버지께 깊은 감사를 드립니다.
제가 어떤 일을 해서 1년에 1만 달러 이상의 가치 있는 일을 해야 될지 걱정이 앞섭니다. 제 모자란 능력으로 아버지께 큰 도움이 되어드리지 못해 왔기 때문입니다. 하지만 아버지! 제가 절대적인 성실함으로 일에 임하고 있음을 아버지도 아시리라 믿습니다. 그 점에 대해서는 지금은 물론 앞으로도 저를 전적으로 믿으셔도 됩니다.

사랑하는 아들, 존 올림

결혼

록펠러 2세는 브라운 대학의 첫 댄스파티에서 나중에 아내가 될 여자를 운명적으로 만났다. 그녀는 로드아일랜드의 유명한 공화당 상원의원인 넬슨 올드리치의 딸 애비 올드리치였다. 그녀는 미모가 뛰어난 편은 아니었지만, 밝고 명랑하며 사교성이 넘치는 매력적인 여자였다. 애비는 내성적인 성격의 록펠러 2세가 사회성을 갖게 되는 데 아주 큰 역할을 했다.

그녀는 록펠러 2세를 자기 가족들에게 소개하고 가족 여행에 그를 여러 차례 데리고 갔다. 록펠러 2세 매주 일요일마다 그녀와 함께 교회에 나갔으며, 예배를 드린 다음에는 산책을 하거나 강에서 카누를 타고 놀이를 하며 즐겼다. 그때 그의 재킷 주머니 속에는 그녀가 좋아하는 과자인 그레이엄 크래커가 늘 들어 있었다.

그들은 7년간의 오랜 연애 끝에 결혼했다. 이 결혼은 두 집안의 전략적인 결혼은 아니었지만, 세간에서는 경제계의 거물과 정치계의 거물 집안의 혼인으로 받아들여져서 말이 많았다. 넬슨 올드리치는 재계에서 록펠러가 차지하고 있는 위치만큼 정계의 거물로 두각을 나타내고 있던 인물이었다.

1901년 10월, 두 사람은 워윅 섬에서 성대한 결혼식을 올렸다. 아버지 록펠러는 두 척 증기선을 대절해서 섬까지 1000명이 넘는 많은 축하객을 실어 날랐다. 언론은 이 결혼식을 '미녀와 부자의 결혼'이라고 떠들썩하게 보도했는데, 그중에서 《타임즈》는 결혼식에 대해 이렇게 실었다.

"지난 며칠 동안 뉴욕, 워싱턴 뉴포트와 그 밖의 도시들에 있는 모든 배와 열차는 각각 할당된 수만큼 이 나라의 정계와 재계 등 사회 각계의 명사들을 실어 날랐다."

신혼여행을 마친 그들 부부는 한동안 록펠러 집에서 부모님을 모시며 지냈다.

애비의 성격은 모든 면에서 록펠러 2세와 정반대였다. 록펠러 2세는 매사에 차분하고 절제하는 성격인 반면 그녀는 늘 즐겁고 쾌활했다. 조심스러운 남편과 충동적인 아내인 셈이었다. 록펠러는 며느리와 가깝게 지내며 그녀의 밝고 쾌활한 성격을 좋아했다.

이들 부부는 첫딸 애비를 낳은 다음 연이어 다섯 명의 사내아이를 낳았다. 다섯 아들을 모두 훌륭하게 키운 록펠러 2세의 아내 애비 올드리치는 미술품 애호가로 변신했다. 그녀는 훗날 뉴욕 현대미술관을 설립자이자 미술계의 후원자가 되어 뉴욕이 세계 미술의 중심지로 부상하는 데 큰 역할을 했다.

1935년 한 해에만 그녀는 181점의 미술 작품을 사들여서 뉴욕 현대미술관 증여했다. 애비는 일약 유명 인사가 되었고, 1936년 《타임즈》의 표지 인물이 되기도 했다. 《타임즈》에서는 애비를 '미국에 현존하는, 예술가들의 최고 후원자'라고 칭송했다. 애비의 활동은 록펠러가에 예술을 장려하는 분위기를 확실하게 심어주었으며 오늘날까지 끊이지 않는 영향력을 미치고 있다.

진정한 관리인

록펠러는 자선사업을 하는 데 있어서 네 개의 대규모 비영리 기관을 운영하고 있었다. 그것은 록펠러 의학 연구소, GEB. 록펠러 재단, 로라 스펠먼 록펠러 기념 재단이었는데, 그는 점차 그 사업에 대한 사업 운영을 외아들 록펠러 2세에게 맡겼다.

세월이 흐르면서 록펠러는 돈을 벌어들이는 것보다 제대로 쓰는 것이 중요하다는 것을 더욱 깊이 깨닫게 되었다. 그래서 아들에게 그 일을, 자신의 재산과 '온 세계 인류의 복지를 증진시키려는' 자신의 꿈을 전적으로 맡겼다. 아들은 36세 때 스탠더드 오일의 임원직에서 물러나 전적으로 자선사업에만 전념했다.

록펠러는 1917년 아들에게 재산을 이양하기 시작해서 1921년 이양을 완료했는데, 그 금액은 그가 록펠러 재단에 기부한 것과 같은 5억 달러에 달했다. 록펠러 2세는 아무 제약 없이 쓸 수 있는 5억 달러의 재산을 가지게 되었지만, 자신은 그 재산의 소유자가 아니라 관리자일 뿐이라는 말을 곧잘 했다.

그리고 '많이 받은 사람은 많이 베풀어야 한다'는 것이 그의 지론이었다. 또 아버지는 아들을 단순한 유산 상속자가 아닌 동료 자선사업가로 보았고, 아들에게 '내 아들이 인류의 행복을 위해서 재산을 쓰기 원한다'는 쪽지를 남겼다. 아들은 아버지의 그러한 요청에 기꺼이 그러겠다고 약속하며 이렇게 말했다.

"저는 아버지가 재산을 관리해오신 것처럼 양심적으로 관리할 것이며, 현명하고 관대하게 재산을 사용할 수 있기를 기도합니다."

다음 두 통의 편지를 보면 아버지가 아들에게 기대하는 것이 어떤 것이고, 어떠한 가르침을 주고자 했는지 여실히 알 수 있다.

1918년 9월 12일

사랑하는 아들에게

아홉 번째 편지에 답장을 보낸다.

지난 2주 동안 우리가 서로 만났을 때 너는 별로 즐거워 보이지 않더구나. 물론 많이 바빴겠지만, 한 번쯤 내게 찾아올 여유가 없을 정도로 바빠 보이지는 않았다. 아빠는 너와 만나는 시간을 더욱더 좋아하게 되었지만 네게는 그렇게 말하지를 못했다.

예전에 내가 졌던 책임들을 이제는 네가 져야 하는 게 주님의 뜻이란다. 처음에는 그 책임들이 이렇게 커질 줄 생각도 하지 못했고, 네가 이렇게 빨리, 그리고 훌륭하게 책임을 다하리라고 기대하지 못했다. 나는 이루 말할 수 없이 감사한다.

미래에 네가 해야 할 일은 너무도 많다. 세세한 일들 때문에 너 자신을 너무 학대하지 말아라. 그 일을 할 만한 다른 사람들이 반드시 있을 게다. 우리는 함께 이를 계획하고 말없이 일하면 된다. 나는 힘닿는 대로 너를 도와주고 싶구나. 건강도 신경 쓰거라. 그건 믿는 성도의 의무란다.

네가 건강해야 이 세상을 위해서 더 많은 일을 할 수 있단다.

아버지가

1922년 1월 26일

플로리다주 오먼드비치에서

사랑하는 아들에게

내가 수시로 네게 넘겨준 금액과 관련하여 몇 가지 덧붙이고자 한다.
내가 개인적으로 하고 있는 정기적인 기부 행위와는 별도로, 나는 이
미 다른 신탁 계정에 자선사업을 위해 따로 큰 금액을 떼어 놓았다.
그리고 또 한 가지 명확해진 사실이 있구나!
대상자마다 상당 시간을 할애하여 신중하게 연구한 결과를 보면, 앞
으로 몇 년 동안 세상 사람들에게 줄 수 있는 모든 것을 베풀고 싶은
내 가슴속의 열망을 완전히 실행에 옮길 수는 없다는 것이다.
다행스러운 점은, 너는 나와 다소 다른 각도에서 세상과 접촉하고 있
고, 또한 자애로우신 신의 섭리로 재원이 충분히 남아있다는 것이다.
그래서 얘기다만, 나는 네가 지속적으로 신중하게 연구하고 세계가
필요로 하는 것에 대해 광범위하게 파악했으면 싶다.
세상 사람들을 돕기 위한 계획을 너 스스로 결정하고 수행할 수 있는
권한을 완벽하게 행사할 수 있게 되기를 지금껏 고대해 왔단다. 너를
대할 때마다 나는 위대한 선이 이루어지리라는 확신을 얻을 수 있었
단다. 그래서 이 기회를 기꺼이 네게 넘기고자 한다.
이 가장 특별하고도 중요한 일을 믿고 맡길 수 있는 아들을 갖고 있
으니, 나는 정말 한없이 축복받은 사람이다.

아버지가

록펠러 2세는 4개의 자선 재단을 운영하는 것은 물론이고, 1928년 식민지 시대의 수도였던 버지니아주의 윌리엄즈버그의 복원 계획에 희사하고, 1930년대에는 록펠러 센터 건설에 힘썼다. 제2차 세계대전 후에는 뉴욕에 국제연합(UN) 본부 유치를 위하여 땅을 희사하는 등, 국제간의 협조를 촉진하는 데에도 큰 공을 세웠다.

록펠러 2세는 아버지 록펠러의 90회 생일 선물로 롤스로이스 승용차를 한 대 사드리고 싶었다. 록펠러는 물론 아들의 성의에 고마움을 느꼈다. 하지만 처음에는 반대하였다. 가지고 있는 자동차도 충분하고, 따르는 젊은이들이나 이웃 사람들이나 다른 사람들에게 사치의 본보기를 보인다는 이유 때문이었다. 그러다가 이 노인은 생각을 바꾸었다. 록펠러는 아들에게 차를 사는 돈을 현금으로 달라고 한 뒤, 이를 자선사업에 기부했다.

다음은 그때 아들에게 보낸 아버지의 편지이다.

1929년 6월 13일
뉴저지주 레이크우드 골프하우스에서
사랑하는 아들에게

롤스로이스를 사주겠다는 너의 고마운 10일 자 편지와 어제 보낸 내 답장에 대해서 지난밤 다시 생각해 보았다. 그리고 용기를 내어 결론을 내렸다.

내 생각을 다시 말하자면, 내게 자동차를 사주는 대신 현금을 내게 주어도 좋다면, 나는 그 돈을 내가 가장 필요한 자선사업 현명하게 사용할 수 있을 것 같다는 생각이다. 나는 그것이 우리 모두에게 가장 값진 투자가 될 것이라고 믿는다.

하지만 이것은 단지 제안에 불과하니까, 네가 스스로 옳은 결정을 내리길 바란다. 네가 어떤 결정을 내리든 나는 더할 나위 없이 만족할 것이다.

사랑하는 아버지로부터

7월 5일, 아들은 아버지에게 롤스로이스 자동차 값이라면서 1만 9000달러를 보냈다. 록펠러는 90살이 넘어서까지 골프를 즐겨 쳤는데, 그는 골프 파트너에게 종종 이런 말을 했다.

"내 인생 최고의 재산은 바로 내 아들이라오."

여호와의 인자하심과 인생에게 행하신 기이한 일을 인하여 그를 찬송할찌로다. 저가 놋문을 깨뜨리시며 쇠 빗장을 꺾으셨음이로다. 미련한 자는 저희 범과와 죄악의 연고로 곤난을 당하매 저희 혼이 각종 식물을 싫어하여 사망의 문에 가깝도다

〈시편 107편 15~18절〉

제5부

완전한 믿음

28. 세계 최고 부자의 작은 소망

하나님의 사랑은 우리들을 시련으로부터 보호하는 사랑이 아니라
시련 가운데서 우리를 항상 지켜주는 사랑이다.
- A. 사바티에

유산 상속

세계 최고의 부자는 이제 세계 최고의 부자가 아니었다. 록펠러는 오랫동안 계획했던 일을 실행에 옮겼다. 그는 10억 달러가 넘는 모든 재산을 아들과 재단에 넘겼다. 그는 딸들에게도 1200만 달러씩 재산을 물려주었고, 자기 수중에 단지 2000만 달러만을 남겼다. 2000만 달러의 돈은 일반인들에게는 무지막지하게 많은 돈이었지만, 그로서는 푼돈만 남은 셈이었다. 그는 그 돈을 노후를 즐기는 자금으로 생각했다. 그는 간간이 주식투자를 하기도 하고 그 주식으로 돈을 벌기도 했다.

그는 자신에게 이렇게 말했다.

"이제 내가 해야 할 일은 이 남은 돈을 잘 활용하는 것뿐이야."

록펠러는 여전히 '부는 주께로 말미암는다' 는 성경말씀을 그대로 믿고 있었고, 남은 인생을 즐기면서 사는 전략을 정해 놓고 있었다.

하지만 그는 여전히 사업가였다. 그는 투자해야겠다고 느낌이 오

는 순간이면 자신이 가진 전부에 해당하는 2000만 달러까지 빌린 적
도 있었는데 사업 감각이 뛰어난 그는 결코 돈을 날리는 법이 없었다.

록펠러는 은퇴 후에도 상당히 많은 돈을 벌었다. 어느 해에는 투자
만으로 5800만 달러를 벌어들였는데, 그는 그 돈을 몽땅 자선사업에
내놓았다. 그의 유일한 관심사는 어떻게 하면 자선사업으로 재산을
지혜롭게 쓸 수 있는가 하는 것이었다.

그래서 83세 이후의 록펠러의 개인 재산은 늘 2500만 달러를 유지
했을 정도다. 그는 아들 록펠러 2세를 단순한 유산 상속자가 아닌, 동
료 자선가로 보았다. 록펠러는 재산을 상속해 주면서 아들에게 다음
과 같은 당부를 했다.

"아들아, 나는 내 아들이 인류의 행복을 위해서 재산을 쓰길 원한
다."

아들은 그러한 아버지의 뜻을 따르겠다고 약속했다.

"저는 아버지가 재산을 관리해 오신 것처럼 양심적으로 관리할 것
이며 현명하고 관대하게 재산을 사용할 수 있기를 기도합니다."

록펠러는 고령의 나이에도 불구하고 교회에 매주 꼬박꼬박 나가서
기도했다.

"하나님께서는 저에게 영원한 생명과 소망을 주셨고 하늘의 기업
을 경영할 씨앗을 내려주셨습니다. 저는 한 평생을 그 귀한 생명의 말
씀을 좇았고, 성경을 읽었으며, 교회에 나와서 찬송을 부르고 기도를
드렸습니다. 이제 저와 저의 아들이 하나님과 교통하는 거룩한 축복
을 받고, 교육사업, 의료사업, 문화사업을 펼치면서 세계만방에 하나
님의 거룩한 뜻을 펼치려고 하고 있습니다. 부디 제가 사업을 해서 돈

을 벌었던 젊은 시절처럼 저의 아들에게도 멋진 은혜와 선물을 내려 주시기를 기원합니다."

세월은 가고

세월이 흐르고 흘러 록펠러는 많은 친구들과 가족들이 저 세상으로 떠나는 것을 지켜보아야 했다. 먼저 사이가 좋지 않았던 동생 프랭크가 세상을 떠났다. 록펠러는 프랭크의 장례식에 참석했다. 그 후 1909년에 헨리 로저스가 죽었고, 1916년에는 존 아치볼드가, 그리고 1922년에는 평생 사업을 같이했던 동생 윌리엄이 세상을 떠났다. 윌리엄은 록펠러 의학 연구소의 치료에도 불구하고 인후암과 폐렴으로 사망했다. 또 아내가 죽은 지 5년 후에는 처제가, 10년 후에는 여동생 메리 앤이 사망했다.

록펠러는 나이가 훨씬 어렸던 게이츠 목사보다도 더 오래 살았고, 심지어 록펠러는 60번째 생일을 6일 앞두고 암으로 사망한 막내딸 에디스보다도 더 오래 살았다.

이렇게 많은 가족과 친지, 동료들을 잃었지만, 록펠러는 여전히 매일같이 골프를 치고, 자전거를 타고, 때로 승마를 즐기면서 활기를 잃지 않았다. 그는 최선을 다해서 사랑하는 사람들을 잃은 슬픔을 잊으려 노력했다.

그는 사람들에게 '이웃 사람 존'이라 불리길 바랐고 그래서 간혹 파티를 열고 이웃 사람들을 초청했는데 그럴 때면 아이들과 함께 바닥을 기어 다니며 놀기도 할 정도로 천진해 보이기까지 했다. 그는 그

렇게 나이가 들수록 오히려 젊은 시절보다 활기차고 사교적인 사람이
되어갔다.

록펠러는 젊은 날의 사업 파트너 헨리 플래글러가 죽은 이후, 그가
플로리다 오몬드 비치에 세운 플래글러 호텔에서 머물며 편안한 겨울
을 보내기도 했다. 그는 때때로 오몬드 해변을 혼자 산책했고, 골프
를 하면서 사귀게 된 친구들과 필드에 나가서 농담을 주고받으며 골
프를 치기도 했다.

1917년, 클리블랜드 포리스트 힐의 옛집이 원인을 알 수 없는 이유
로 불타 버리자, 그는 포컨티코의 '키크유트'에서만 생활했다. 그는
나날이 늘어가는 손자 손녀들 –록펠러 2세는 아들 다섯에 딸을 하나
두었다 –을 불러다가 아이들과 술래잡기도 하고 화사한 관목들과 오
렌지 나무, 스코틀랜드의 낙엽송이 심어진 정원을 거닐며 옛날이야기
를 해주기도 했다.

록펠러의 생일은 지역 주민들에게 중요한 행사로 자리 잡아갔다.
록펠러 2세는 아버지를 위해서 뉴욕에서 밴드를 불러다 공연을 했고
아이들은 그 공연을 보고 아이스크림과 케이크를 마음껏 먹기 위해
몰려들었다. 점차 록펠러는 '키크유트의 어르신' 역할에 익숙해져 갔
고 하느님의 뜻에 따라 가족이 날로 늘어나는 것을 보면서 흐뭇하게
생각했다.

그러나 그때에도 록펠러는 그냥 놀고 있는 것만은 아니었다.

한 번은 록펠러 2세와 그의 4남 윈스롭이 키크유트에 갔을 때의 일
이다.

그때 록펠러는 몸이 아파서 병석에 누워 있었는데, 록펠러 2세와
윈스롭이 침실로 들어오자 그는 미소를 지으며 눈을 떴다. 그리고 그

는 한참 동안 아무 말도 하지 않다가 비서에게 석간 신문을 가져오라고 했다. 그는 오후 주식시장 시세를 한참 훑어보고 난 다음에 아들, 손자와 이야기를 시작했다.

두 가지 소망

록펠러는 자신의 주치의인 비거 박사와 100세까지 골프를 함께 치자는 약속을 했고, 그것을 소망으로 가지고 있었다. 비거 박사는 키가 크고 풍채가 좋은 인물이었는데 정통의학자라기 보다는 동종 요법을 주장하는 자연요법 치료사에 가까운 사람이었다. 그는 중산모자에 회중시계를 즐겨 찼으며 록펠러와 함께 허풍스러운 이야기나 늙은이다운 덕담을 나누며 어울리는 사이였다. 무엇보다도 두 사람은 골프 파트너였다.

비거 박사는 부자인 록펠러보다 말쑥한 차림새를 하고 다녀서 이들이 함께 다닐 때면 사람들은 오히려 비거 박사를 거물 기업가로 생각했다. 비거 박사는 다른 누구보다도 록펠러와 다정한 관계를 유지하며 곧잘 농담을 주고받는 사이였다. 그는 록펠러를 묘사한 다음과 같은 말로 늙은 록펠러의 온화한 모습을 표현했다.

"그는 예리한 유머 감각의 소유자였다. 농담을 좋아하고 재치 있게 말을 맞받아치는 재간이 있을 뿐만 아니라 남의 말도 너그럽게 잘 들어주었다."

록펠러는 이 말을 지키기 위해서 골프치기 수월한 골프 코스를 찾아 나서기도 했는데, 그때 구입한 것이 맨해튼에서 남쪽으로 80킬로미터, 대서양 서쪽으로 15킬로미터 정도 떨어진 지역에 있는, 뉴저지 레이크우드의 '골프하우스'라는 골프장이었다.

록펠러는 매년 봄과 가을을 3층짜리 클럽 하우스까지 갖춘 골프하우스에 몇 주 동안 머물며 골프를 쳤다. 그러나 비거 박사는 록펠러와 골프를 치기로 약속한 100세가 되기 13년 전에 세상을 떠났다. 비거 박사를 잃은 뒤 록펠러는 한동안 슬픔에 잠겨서 의기소침하기도 했지만, 이내 소탈해 보일 정도로 명랑해졌다.

록펠러는 90세가 넘어서까지 골프를 즐겨 쳤는데, 그에게는 여전히 두 가지 소망이 있었다.

첫째는 100세까지 사는 것이었고, 둘째는 100세까지 골프를 치는 것이었다.

록펠러는 언젠가 록펠러 2세에게 이렇게 말했다.

"나는 내 아들이 건강을 잘 돌보기를 바란다. 이것은 하나님을 믿는 자의 의무란다. 건강하고 튼튼한 상태를 유지한다면 세상을 위해 많은 것을 이룰 수 있을 것이다."

침례교도로서 담배나 술을 멀리했던 록펠러는 절제된 생활을 주장했으며, 정숙한 습관은 건강에 도움이 된다고 믿었다. 최우선 목표는 장수였던 록펠러는 말년에 이렇게 말했다.

"90살이 훨씬 넘은 요즘에도 나는 최상의 건강 상태를 유지하고 있다. 내가 아는 많은 사람들이 극장과 클럽, 만찬 모임과 방탕한 생활로 건강을 해쳤지만, 나는 그것들을 멀리한 탓에 그 대가로 훌륭한 보상을 받은 셈이다. 나는 냉수와 탈지유로 만족했고 충분한 수면을 즐겼다. 사람들이 이 단순한 것을 누릴 줄 모른다는 사실이 안타깝다."

백발은 빛나는 면류관, 착하게 살아야 그것을 얻는다

〈잠언 16장 31절〉

29. 끝없는 자선사업

십일조의 비밀

록펠러는 젊은 시절부터 자신이 십일조를 바치면 그것이 적립되어 복리로 불어난다는 믿음을 가지고 있었다. 그것은 하늘에 재산을 쌓는다는 개념을 넘어서서 자신이 필요할 때 수십 배의 자금으로 하나님이 돌려주시곤 하신다는 생각 때문이었다. 그것은 젊은 시절부터 사업의 어려운 고비마다 생각지도 않은 곳에서 자금이 풀리거나 엉뚱한 곳에서 돈이 들어왔기 때문에 갖게 된 믿음이었다.

록펠러는 왜 그런 세상의 이치, 그 비밀을 사람들이 모르는지 알 수가 없었다. 그는 90이 넘은 나이에도 꼬박꼬박 십일조 헌금을 냈다. 그는 그 헌금을 내기 위해서 주식투자를 해서 돈을 벌었다. 아직 그의 머리는 녹슬지 않았다.

록펠러 2세는 아버지에게 새 시대에 맞는 재테크를 권유했는데, 그것은 보다 안정적으로 돈을 굴릴 수 있는 신탁회사였다. 당시 록펠러 2세의 장인 넬슨 올드리치는 국회 재무위원으로 영향력이 상당히 컸는데, 1913년에 연방준비제도를 입법화하는 등 미국의 새로운 금융 시스템을 마련하는 주역으로 활동하고 있었다.

록펠러 2세는 아버지에게 새로운 금융 시스템을 이해시키고 이퀴터블 신탁회사의 지배주주가 되게끔 설득했다. 록펠러가 이퀴터블 신탁회사에 투자했다는 소문이 나돌자 수많은 투자자들이 몰려들었고 이퀴터블은 빠르게 성장했다. 1924년까지 그 회사는 2억 5400만 달러 이상의 계좌를 보유한 미국의 여덟 번째 대형 은행으로 부상했고, 1929년에는 14개 소형 은행 및 신탁회사를 흡수해서 미국 최대 은행 중의 하나가 되었다.

록펠러는 이퀴터블 신탁회사가 괄목할만한 성장을 하자 상당한 금액의 돈을 거머쥘 수 있었다. 그는 90살이 넘은 노인이라고 볼 수 없을 정도로 왕성한 지력을 발휘했다. 그는 어떤 때는 젊지도 늙지도 않은, 전혀 나이를 분간할 수 없을 정도로 초탈한 모습을 보이기도 했는데, 마치 벌써 하늘나라에 가 있는 듯이 보인다는 사람도 있을 정도였다.

록펠러는 늘 이런 성경 구절 〈베드로전서 3장 3~4절〉을 읊조리고 있었다.

"너희 단장은 머리를 꾸미고 금을 차고 아름다운 옷을 입고 외모로 하지 말고 오직 마음에 숨은 사람을 온유하고 안전한 심령의 썩지 아니할 것으로 하라. 이는 하나님 앞에 값진 것이니라"

그의 초상화를 두 번이나 그린 유명한 화가 존 싱어 사전트는 이렇게 말했다.

"록펠러 회장님의 얼굴은 하나님이 함께 하시는 평화로운 모습입니다."

그래서 그런지 록펠러는 더욱 높은 톤에 얇아진 목소리로 이따금 이렇게 찬송가를 흥얼거리곤 했다.

"예수는 내가 빛이 되길 원하시네…"

록펠러의 다섯 번째 손자인 데이비드 록펠러는 훗날 세계 최대 은행인 체이스 맨해튼 은행의 총재를 지냈는데 은퇴한 뒤 자신의 회고록에서 할아버지 록펠러를 이렇게 추억했다.

"할아버지는 어느 특정인 앞에서 노래를 부르지는 않았습니다. 할아버지의 노래는 저 깊은 내부에서 솟아나오는 만족과 평화의 감정이 흘러나오는 것과 같았습니다."

하나님의 황금

록펠러는 90세가 훨씬 넘은 나이에도 주식투자를 계속했다. 그는 때때로 이것이다 싶은 투자 건이 생기면 아들에게 돈을 빌려서 투자하기도 했다. 그는 한때 5700만 달러까지 돈을 불렸지만, 미국의 경제 공황이 깊어지고 주식 가격이 폭락하자 그의 재산은 700만 달러로 대폭 줄어들었다. 하지만 그는 미국의 경기 회복을 위해 노력하자고 앞장섰다.

"번영은 항상 돌고 도는 것이므로 반드시 되돌아올 것이다."

그는 이렇게 말하며 일자리를 잃은 사람들에게 돈을 나누어주었고, 경영에 어려움을 겪고 있는 뉴저지의 스탠더드 회사 주식을 100

만 주나 매입했다. 그런데 이 번영이 록펠러에게 가장 먼저 되돌아왔다. 그가 96세가 되었을 때, 생명보험회사에서 그에게 500만 달러를 지불한 것이다. 록펠러는 그 돈을 '하나님의 황금'이라고 불렀다.

록펠러는 공황의 골이 깊어지자 아이디어가 넘치는 보좌관 아이비 리의 권고를 받아들여 거리를 오고갈 때마다 모르는 사람들에게 동전을 나누어주기 시작했다. 처음에는 5센트짜리로 시작했지만, 나중에 아이들에게는 5센트, 어른에게는 10센트짜리를 나눠주었다.

이 동전 나누어주기 행사는 폭발적인 인기를 끌었다. 그가 가는 곳에는 어디든지 사람들이 몰려들며 동전 한 닢만 달라고 하며 야단법석이었다. 그것은 동전 한 닢이 중요해서라기보다도 이 돈벌이의 천재가 만진 동전을 받음으로써 그것을 통해 자기에게도 그 재능의 일부가 전해질지도 모른다는 믿음 때문이었다.

그는 동전을 받는 사람들에게 조언이나 축복의 말을 전하기도 했다.

"주께서 당신을 축복하시기를"

"선물을 주고받는 사람은 누구나 친구가 되느니"

"10센트는 은행에, 1페니는 용돈으로"

이런 말과 함께 그는 동전을 주었다. 그에게서 동전을 받은 사람들은 그 동전을 행운의 상징으로 아주 귀하게 여겨서 줄을 매어 벽에 달거나 보석 상자에 소중히 간직하곤 했다.

그는 어려운 시대에 새롭게 스타로 탄생했다. 그는 관객이 많은 영화관 앞이나 신문 가판대 앞에서도 동전을 나눠주었고 사람들과 함께 카메라 앞에 서기도 좋아했다. 그는 그때마다 사람들에게 〈빌립보서 4장 19절〉의 말을 전해주기도 했다.

"나의 하나님이 그리스도 예수 안에서 영광 가운데 그 풍성한 대로 너희 모든 쓸 것을 채우시리라"

록펠러는 어느 날은 자신이 직접 쓴 시를 복사해서 나누어주기도 했다.

나는 어려서부터 일과 놀이를 배웠다오.
내 인생은 길고도 행복한 휴일과 같았고
일과 놀이로 가득했다오.
나는 근심 걱정을 벗어 버렸고,
하나님께서 매일 나와 함께하셨다오.

록펠러는 정말 열심히 동전을 나눠주었다. 그가 나누어주는 동전은 거의가 다 은행에서 방금 나온 반짝반짝하는 새 은화였는데 그는 그 당시 3만 개 이상의 동전을 나누어주었다.

록펠러가 그러는 사이에 그의 아들 록펠러 2세는 아버지가 물려준 재산으로 다방면에 걸친 기부 활동을 하면서 세상에서 가장 존경받는 인물 중 하나가 되어갔다. 그는 아버지에게 자신은 단지 아버지의 일을 대신할 뿐이라는 생각을 전하는 편지를 썼다.

이 모든 노력과 분투의 날들 속에서, 아버지의 살아오신 길과 행동으로 보여주신 기본 정신은 언제나 제게 가장 든든하고 가슴 벅찬 기준이었습니다.

아버지께서 인류와 사업을 위해 하신 큰일은 제게 깊고 깊은 감명을 주었습니다. 아버지의 조용한 파트너로서 이 위대한 과업을 수행하는 일은 늘 제 인생의 최고 목표였습니다.

록펠러는 자신의 아들이 가족의 명성과 부를 널리 알리는 걸 멀리서 지켜보았다. 아들은 아버지가 그랬듯이 과학적인 기부 활동을 하고 있었고, 특히 과학과 예술, 자연 보호를 위한 자선사업을 대대적으로 벌였다.

그는 산림이 우거진 수십만 평의 땅을 국립공원에 기꺼이 기증했다. 또한 버지니아의 식민지 때의 도시 윌리엄스버그를 복구했고, 맨해튼에 중세 박물관과 뉴욕 현대 예술 박물관을 건립했는데, 이 박물관의 공관 확보를 위해 록펠러 가족의 저택을 철거하기까지 했다.

그러므로 누구든지 이런 것에서 자기를 깨끗하게 하면 귀히 쓰는 그릇이 되어 거룩하고 주인의 쓰심에 합당하며 모든 선한 일에 예비함이 되리라

〈디모데후서 2장 21절〉

30. 더 큰 기쁨

꿈을 단단히 붙들어라.
꿈을 놓치면 인생은 날개가 부러져 날지 못하는 새.
-랭스턴 휴즈

회고록 집필

록펠러는 놀랄 만큼 장수함으로써 큰 힘을 발휘하며 신비로운 존재가 되어갔다. 그는 80대에도 매일같이 골프와 승마를 즐기며 원기 왕성했다. 그는 80대 후반이 되어서도 160미터 이상의 티샷을 날릴 수 있었고, 비가 오나 눈이 오나 매일 한 번씩 차를 타고 드라이브를 즐겼다.

이제 그는 거의 국보급 존재가 되어가고 있었던 탓에 해마다 그의 생일이면 뉴스 영화의 카메라가 포컨티코를 찾았다. 록펠러는 그때마다 밀짚모자를 비스듬히 쓰고 미소를 지으며 카메라 앞에 나타나서 몇 마디씩 하곤 했다. 그는 과거의 영광을 잊지 않으려는 사람처럼 낮은 목소리로 말했다.

"스탠더드 오일에 축복을! 우리 모두에게도!"

그는 90대에 들어서서도 몸이 야위기는 했지만, 그다지 위축되어 보이지 않았다. 그가 편안한 복장으로 골프장에서 스윙을 하는 모습이나, 포컨티코의 너른 잔디밭에서 손자들과 함께 포즈를 취한 장면들이 이따금 언론에 보도되곤 했다. 그는 이미 그 시대의 전설이 되어가고 있었다. 1926년《새터데이 이브닝 포스트》는 이렇게 쓰고 있다.

"존 록펠러는 한 사람이 인생에서 접할 수 있는 모든 문제를 접한 존재다. 아버지의 책임, 개인적 양심, 금전 관리, 부자의 책임, 장수, 종교 문제 등 ―그는 이런 모든 문제에 대해 자신의 인생 자체로서 탁월한 답변을 내놓고 있다."

록펠러가 점점 나이가 많아지자 주위에서 자서전을 써야 한다는 권유를 많이 했다. 특히 그를 보좌 홍보하고 있던 아이비 리는 '뉴욕월드' 지의 편집장 윌리엄 인글리스를 그의 전기 작가로 추천했다. 그래서 1917년부터 자서전 집필이 시작되었고, 하루에 한 시간씩 인글리스는 록펠러와 인터뷰를 했다. 그러면서 인글리스는 록펠러의 친척이나 동료들과도 많은 면담을 했다.

집필이 끝나자 작가는 자서전 초고를 록펠러에게 보여주었다. 찬찬히 원고를 들여다본 록펠러는 다른 부분은 다 괜찮은데 마지막 부분이 마음에 들지 않는다고 했다.

작가는 마지막 부분에서 록펠러의 '자수성가'를 강조했던 것인데 록펠러는 자신은 자력으로 성공한 것이 아니요, 하나님의 도우심으로 성공한 것이라는 말을 하면서 작가에게 마지막 부분을 그렇게 수정하도록 요청했다.

또 록펠러는 스탠더드 오일의 성공을 "미국의 기업 역사상 가장 놀라운 사건은 못 되더라도, 가장 놀라운 사건 중에 하나는 됩니다"라고 말했다. 그는 그만큼 자신의 젊은 날의 사업을 자랑스럽게 생각하고 있었던 것이다.

작가는 록펠러의 의견을 충분히 반영해서 그의 일대기를 다시 정리했으며, 마침내 책으로 세상에 내놓았다. 록펠러는 자서전이 출간된 후 한 번도 읽지 않았다. 록펠러 2세는 아버지의 자서전의 원본과 복사본을 가족 문서로 위탁, 보관했다.

그 후 록펠러에 대한 연구 논문과 책들은 꾸준히 발행되었다. 존 T. 플린이란 사람은 『하나님의 황금』이라는 책을 펴냈는데, 그는 록펠러를 "오늘날 가장 더럽지 않은 세계적인 대부호"로 평가했다. 또 B. F. 윈켈만은 『존 D. 록펠러』라는 책에서 "록펠러가 이루어 놓은 업적은 좋은 정도가 아니라 위대한 것이다"라고 썼다. 콜롬비아 대학의 알렌 네빈스는 『존 D. 록펠러 : 미국 기업의 영웅시대』라는 1,430페이지에 이르는 방대한 책을 록펠러가 죽은 지 3년 후에 출판했는데, 그는 그 책에서 록펠러에 대해 이렇게 말하고 있다.

"천재적인 조직력에, 목표를 이루고자 하는 끈기, 예지력 그리고 과단성 있는 그의 성격으로 록펠러는 이 시대의 가장 위대한 인물 중 한 사람이 되었다."

그 후에도 록펠러에 대한 전기나 평전 같은 책이 꾸준히 발간되었는데, 록펠러 전기인 『타이탄』과 4대에 걸친 록펠러 가문 전체의 스토리를 다룬 『록펠러 가의 사람들』이 유명하다.

아버지와 아들

1920년대에 이르자 아버지의 재산과 유업을 이어받은 록펠러 2세는 미국 재계의 대변자로서 지위를 굳혀갔다. 그는 자선사업가로 빛나는 업적을 남기고 있었고, 수없이 많은 국제적 사회·문화 기구들을 다스리며 미국사에 유례없는 영향력을 미치고 있었다.

그는 수시로 대통령과 아침 식사를 했으며, 수많은 사회·문화·종교 단체들의 주요 멤버로서 야심 찬 미래 계획도 가지고 있었다.

록펠러 2세는 사업보다는 자선사업에 투신했다. 침착하고 경건한 성격인 그는 아버지의 명예를 드높이고 가문의 이름을 빛내는 일이 자신의 맡은 몫이라고 굳게 믿고 있었다. 다른 재벌 가문들도 거액의 돈을 기부하여 재단을 설립했지만, 대부분의 경우 박물관이나 병원 또는 자신들의 모교 등에만 이루어진 이른바 노블레스 오블리제에 충실한 기부에 지나지 않는 경우가 허다했다.

반면에 록펠러 2세의 자선사업은 달랐다. 그는 그런 비효율적이고 충동적인 기부가 아닌 과학적이고 물샐틈없는 조사에 의한 자선사업을 대대적으로 벌여나가고 있었다. 그것은 물론 아버지와 게이츠 목사에게서 배운 선행적 지표 덕분이었다. 그는 스탠더드 오일 트러스트 시대에 그의 아버지가 돈을 다룰 때 보인 엄숙함과 똑같은 자세로 막대한 자본을 움직였다. 그에게 있어서 자선사업은 직업이자 시대적 소명을 다하는 사명이었다.

1929년 10월 24일, '블랙 먼데이'에 대공황의 첫 충격파가 밀어닥치자 주식 시장이 반 토막이 나고 경제 상황은 암울해졌다. 암울한 시간이 오래 지속되고 대공황이 몰아닥친 것이 확실해진 어느 날, 아이비 리는 록펠러 2세에게 전화를 걸었다.

그는 이 역사의 분기점에서 미국 사회의 최고 원로인 록펠러가 공개적으로 한 마디 하는 것이 무엇보다 중요하다고 록펠러 2세에게 말했다. 록펠러 2세는 아이비 리의 의견에 동의했고, 아버지를 설득하기 위해서 포컨티코를 찾았다. 록펠러는 처음에는 '어리석은 젊은이들'이 망쳐 놓은 판에 끼어들고 싶지 않다고 거절했지만, 아들의 간곡한 권유를 따를 수밖에 없었다.

90세의 록펠러는 아이비 리가 준비한 원고를 대중 앞에서 읽었다.

"나는 구십 평생을 살며, 경제 공황이 오가는 것을 수없이 보고 겪었습니다. 언제나 풍요는 돌아왔습니다. 이번에도 그럴 겁니다."

그는 마지막으로 이렇게 덧붙였다.

"나는 이 나라의 경제적 기반이 건전하다는 사실을 믿고 있습니다."

그의 연설은 대중들에게 미국의 미래를 낙관하도록 만드는 효과를 주었다. 적어도 사람들은 록펠러가 그 나이에도 미래를 낙천적으로 바라보는 것을 보고, 그 점만은 배워야겠다는 생각을 하게 만들었다.

그날 신문에는 록펠러 가에서 주가를 부양하기 위해 '스탠더드 뉴 저지'의 주식 100만 주를 매입했다는 소식이 실렸다.

노인의 일상

록펠러는 여전히 노익장을 과시하며 가볍게 골프를 치거나 드라이브를 즐기는 등 꾸준하면서도 안정적인 생활을 유지했다. 그는 어떠한 소식에도 놀라거나 의아한 표정을 짓지 않고 달관된 삶의 자세를 견지했다. 식사 때는 주변 사람들과 함께 식사하면서 농담조의 잡담으로 긴장을 해소하곤 했다.

그의 일상은 마치 정해진 의식을 치르는 것 같이 거의 매일 똑같았다. 아침 6시 30분이면 일어나서 30분 동안 신문을 읽었고, 신문을 읽고 나면 7시부터 8시까지 집안과 정원을 돌아다니면서 정원의 꽃이나 정원수를 돌보거나 수영장, 차고를 둘러보고 일꾼들에게 잔돈을 나누어주며 말을 건네기도 했다.

8시부터는 아침 식사 시간이었는데 집안에 있는 가족이나 손님들은 다 함께 모여서 기도시간을 가진 뒤, 성경을 읽고 식사했다.

록펠러는 식사가 끝나면 혼자서 식탁에 앉아 카드놀이를 하며 시간을 보냈다. 그가 혼자서 카드놀이를 한 것은 누메리카라는 게임이었는데 이 게임은 기억력을 보강하고 판단력을 좋게 해주기 때문에 록펠러는 식사 후 30분간 반드시 이 카드놀이를 했다.

9시부터는 나름대로 하루의 업무에 들어가는 시간이었다. 그것은 다름 아닌 자신에게 온 편지나 선물을 살펴보는 시간이었다. 그리고 그 시간이 끝나면 본격적인 일이 시작되곤 했는데, 그것은 주식투자에 관해서 살펴보는 시간이었다.

그는 아침에 기상하면서 본 신문을 다시 들여다보면서 장세를 파악하곤 했다. 만약 집안에 주식에 대해서 아는 가족이나 손님이 있으면 그 사람을 붙들고 주식 시세의 변동과 전망에 대해서 나름대로 일가견을 늘어놓곤 했다.

10시 30분, 록펠러는 포컨티코 영지에 딸려 있는 9홀의 필드로 나가서 1시간가량 골프를 쳤다. 어쩌다 손님이라도 오는 날이면 같이 스윙을 하기도 했지만, 대개는 혼자서 샷을 날리곤 했다.

정오가 되면 록펠러는 저택으로 돌아와 목욕을 한 다음 낮잠을 잤다. 사람들은 이 낮잠이 그의 장수를 가져오는 보약이라고들 말하곤 했다.

낮 1시에 그는 잠에서 깨어나 점심을 먹고 다시 카드 게임을 시작했다.

2시 30분이 되면 그는 아플 때를 빼고는 비가 오나 눈이 오나 하루도 빼먹지 않고 드라이브에 나섰다. 주로 오픈카를 타고 달리는 것을 좋아했는데, 햇볕이 강하거나 바람이 부는 날에는 선글라스를 쓰고 오픈카에 올랐다. 그는 스피드를 내는 것을 좋아해서 가끔은 운전기사에게 앞차를 추월해보라고 부추기기도 했다. 드라이브 중에 멋진 경치를 보거나 기분이 좋을 때는 차에서 내려서 그곳을 둘러보고 풀밭 위에 앉아서 노닥거리는 것도 좋아했다. 때로는 지나가는 사람들에게 말을 걸거나, 그를 알아보는 사람들에게는 꽃을 꺾어 주기도 했다. 그는 대화가 통하는 사람들은 자신의 차에 태워주었고, 간혹 집에 데려가서 식사를 같이하는 경우도 있었다.

그렇게 집에 돌아온 후에 그는 다시 잠에 빠져들었다가 저녁 무렵에 일어났다.

록펠러는 오후 7시면 저녁 식사를 했고, 집안에 손님이 있을 때는 아침 식사 때처럼 모두 모여서 함께 식사했다. 저녁 식사가 끝나면 그는 어김없이 다시 카드놀이를 했다.

9시부터는 성경을 읽는 시간이었다. 그가 소파에 비스듬히 눕거나 의자에 앉으면 비서가 성경 구절을 읽기 시작했다. 때때로 유명한 목사의 설교집을 읽어줄 때도 있었다. 한 시간의 성경 읽기와 기도시간이 끝나면 10시에 잠자리에 들었다.

나이가 들수록 점차 쉬는 시간은 늘고 골프 시간이 줄어들었을 뿐, 그는 수년 동안 이 스케줄에 따라 규칙적인 생활을 했다.

90대 중반에 들어서면서부터 그의 몸은 눈에 띌 정도로 쇠약해졌고, 몸집은 조금씩 왜소해져 갔다. 그래서 좋아하는 승마, 산책, 골프 치는 시간도 줄여야 했다.

그는 여러 접시에서 놓인 음식을 새처럼 적게 먹어야 했고, 의료진들이 그의 옆에 대기하고 있어야 할 경우도 생겼다. 하지만 그는 매일매일 골프 치는 것을 멈추지 않았고, 어떤 날은 필드에 나가는 것으로 만족하고 돌아와야만 할 때도 있었다.

그는 인생의 마지막 목표를 이루기 위해 힘을 아꼈다. 그 무렵 그가 자신을 방문한 오몬드 비치의 시장에게 자신의 마지막 목표를 말했다.

"나는 좋다는 건 다 해보고 있습니다. 정말 100세까지 살아보고 싶어서지요."

하지만 그는 점점 쇠약해져서 산소호흡기와 간호사의 도움이 필요할 때가 생기기 시작했다.

거대한 기념비

미국 전역에 대공황이 불어닥친 어느 날, 록펠러 2세는 맨해튼의 중심부에 '록펠러 센터(Rockefeller Center)'를 건립하기로 결심했다. 경제 상황이 최악일 때 공사를 벌여서 어려움에 처해 있는 사람들에게 일자리를 만들어 주고, 또한 아버지와 자신의 가문을 기념하는 기념비를 세우자는 복합적인 목적이 내재된 사업 구상이었다.

자선사업가로서 록펠러 2세는 록펠러 센터 건립을 통해서 어려움에 빠진 뉴욕시 재정에 기여하면서, 상업적인 성공의 기회를 얻을 수 있다는 것을 읽었다.

록펠러 2세는 록펠러 센터에 오페라하우스를 비롯해서 상업적으로 이용할 수 있는 뮤직홀과 극장, 상점 등이 들어갈 수 있는 오늘날 '도시 속의 도시(A city within a city)'라고 불리는 대규모 복합문화공간을 구상한 것이다. 록펠러 센터의 건립 예산은 건축비만 해도 1억 2000만 달러에 달하는 그야말로 세기적인 대규모 공사였다.

록펠러 재단은 유명한 건축가 R. 후드, W. 해리슨 등을 동원해서 록펠러 센터에 대한 설계에 들어갔다. 설계에 따르면 이 복합문화공간에는 200여 개의 상점과 5,822석의 라디오 시티 뮤직홀(Radio City Music Hall), NBC의 7개 스튜디오, 450석의 길드 극장(The Guild Theater), 채널 가든(The Channel Garden), 로얄 플라자(The Lower Plaza), 성 패트릭 교회(The Saint Patrick Church) 등이 들어서고, 고층 부분에는 오늘날의 오피스텔과 같은 사무실 등의 업무 공간이 들어가도록 배치되어 있었다.

록펠러 2세는 새로운 건축물의 설계에 대단히 흡족해했고 사업적 성공도 의심하지 않았다. 록펠러 재단 이사회는 록펠러 센터 건립을 결의하며 이런 발표를 했다.

"록펠러 센터는 최대한의 수익이 보장되는 한 가장 아름답게 꾸민 상업 중심지로 만들어질 것이다. 록펠러 센터는 모든 건물이 지하철과 연결되어 도시의 지하를 휴머니즘을 느낄 수 있는 사상 초유의 공간을 창조할 것이다."

그리하여 10년에 걸친 공사를 통해서 사상 최대의 기념비가 세워지기 시작했다. 록펠러 재단은 록펠러 센터를 건축하면서 대공황으로 뉴욕시가 여러 어려움에 처해 있는 것을 감안해서 뉴욕의 수도관을 자비로 묻어주어 뉴욕 시민들에게 평생 수도세를 안 내고 살아갈 수 있는 혜택을 안겨주기도 했다.

록펠러 2세는 윌리엄스버그 복원이나 다른 건물을 건축할 때 그랬듯이 자신의 취미이자 능력을 마음껏 발휘할 기회를 얻은 것이 기뻤다. 그는 한껏 신바람이 나서 건축 기간 동안 시간이 날 때마다 건축 현장 구석구석을 둘러보고, 건축가들과 하청업자들과 시간을 보내며 관리감독을 했다. 그럴 때면 그의 뒷주머니에는 항상 120㎝짜리 접자가 꽂혀 있었다. 그는 현장을 둘러보다가 미심쩍은 것이 있으면 자를 꺼내서 직접 재보면서 작업을 독려했다.

그런데 이 접자를 록펠러 2세의 셋째 아들 넬슨 록펠러의 아이들인 스티븐과 앤이 몰래 가지고 놀다가 부러트리는 바람에 난리가 났다. 그들은 뉴욕에 있는 철물점을 수십 군데나 다니면서 똑같은 접자를 찾았지만 찾을 수는 없었다. 훗날 그 접자는 록펠러 2세를 상징하는 물건이 되었다.

거대한 건축물이 올라가기 시작하자 많은 사람들이 이 거대한 건물을 구경하려고 날마다 몰려들었다. 아이비 리와 록펠러 2세는 '공사 견학 보행자 모임'이라고 불렀던 모임을 만들어 구경꾼들에게 편의를 제공했고, 아주 열성적인 구경꾼들에게는 모임의 멤버십 카드를 제작해서 나누어주기도 했다.

대공황의 여파 속에서 건축 사업이 진행된 까닭에 파업 같은 행위는 일절 없었다. 오히려 건축조합 조합원들은 록펠러 센터를 짓는 동안 조합원들에게 수백만 시간 분의 일거리를 얻게 된 것을 고맙게 생각하고 정성을 다해서 일에 임했다.

특히 크리스마스 때면 조합원들은 경제 공황에도 불구하고 고용을 유지해 준 록펠러에게 감사의 표시를 전하기 위해 크리스마스트리 점등식을 가졌다. 이 행사는 건축이 끝난 후에도 계속되어 해마다 크리스마스 때면 이를 보기 위해 몰려드는 관광객으로 인해 록펠러 센터 일대의 교통이 온종일 마비될 만큼 문화적인 랜드마크가 되었다.

1939년, 록펠러 센터는 10년 가까운 공사 끝에 어렵게 완공되었다. 록펠러 센터는 처음에 지상 70층으로 옥상에 전망대가 있는 높이 259미터의 RCA 빌딩을 중심으로 주위에 13개 동의 고층 빌딩이 세워졌으나, 훗날 제2차 세계대전이 끝난 후에 2개 동이 더 늘어나 총 16개의 대규모 건물군이 되었다. 이 기념비적인 건축물은 고층만 추구하던 뉴욕의 마천루 시대에 종언을 고하고, 적당한 공간을 마련하여 통풍·채광 및 교통 인구의 처리를 원활하게 하는 등 시가지의 환경개선을 지향한 획기적인 건축물이 되었다.

영화와 쇼로 유명한 라디오 시티 뮤직홀(Radio City Music Hall)도 이곳에 자리 잡고 있어서 명소가 되었다. 중앙의 로아플라자는 옥외 가든식의 휴게 장소로써, 여름에는 옥외 레스토랑이 들어서고 겨울에는 스케이트장이 된다.

록펠러 센터는 70년 가까운 세월이 흐른 지금도 '뉴욕의 심장'으로 불리며 뉴요커들이 가장 좋아하는 뉴욕의 대표적인 명소일 뿐 아니라 최초의 복합문화공간으로서 대규모 복합 도시개발 프로젝트에 대한 선진 성공 사례로도 교과서적인 의미를 지니고 있다.

훗날 록펠러 재단은 UN 본부 건물을 지을 때 록펠러 센터에 달린 토지를 무료로 제공해 주기도 했다. 록펠러는 이 건물의 완공을 보지 못하고 완공 2년 전에 숨을 거두고 말았다.

믿음은 우리가 바라는 것들을 보증해 주고 볼 수 없는 것들을 확증해 준다

〈히브리서 11장 1절〉

31. 하나님의 말씀에 답하다

행운을 확신하고 행운이 찾아오리라 믿으면,

행운은 훨씬 가까이에서 손짓한다.

-토머스 제퍼슨

생이 저물어 갈 때

처음으로 산소 호흡기를 사용한 날 록펠러는 자신의 육체가 얼마나 약해졌는지 느꼈고, 이제 자신에게도 죽음이 다가오고 있다는 것을 깨달았다. 그리고 55살의 그때 처음으로 맞이했던 죽음의 공포를 생각했다. 맨 처음 잠도 못 자고, 먹을 것도 제대로 먹지 못하고, 머리카락과 눈썹이 빠지고, 몸이 오그라들기 시작했을 때 자신이 얼마나 두려움에 떨었던가?

그는 자신이 하나님께 드렸던 기도를 생각했다.

"하나님, 부디 저의 건강을 돌려주십시오. 오래 살고 싶어서가 아니라 지금까지 제가 벌어들인 돈을 세상을 위해서 보람 있게 쓰고 싶어서입니다."

하나님은 그의 기도에 응답하셨고, 그는 건강한 몸으로 그로부터 43년을 더 살면서 세계 최고의 자선사업가란 영예를 얻을 수 있었다.

그는 이렇게 회상하며 하나님께 감사의 기도를 드렸다.

"하나님, 인생 전반기 55년은 쫓기며 살았지만, 후반기 43년은 행복하게 살았습니다."

인생의 종착역에 다다른 노인은 할리우드 영화를 즐겨 보았다. 그는 노인네답지 않게 풍만한 금발 여배우가 나오는 영화를 좋아했다. 몸이 너무 쇠약해져 교회에 갈 수 없을 때는 침대 옆에 놓인 라디오로 설교를 들었다. 이제 록펠러의 생각은 사후세계로 향했다.

어느 날 자동차 왕 헨리 포드가 방문했다가 돌아가려 하자 록펠러는 이렇게 말했다.

"잘 가시오. 천국에서 만납시다."

어느 날 아침, 잠에서 깨어난 록펠러는 아내 얼굴이 마치 어제 본 듯이 생생히 떠오르는 것을 느꼈다. 이제 죽음의 천사가 자신에게 내려오고 있음을 느꼈다. 그는 천천히 자리에서 일어나서 무릎을 꿇고 기도했다.

"하나님, 하나님께서 저를 보시는 그 눈으로 제가 저 자신을 바라보는 눈을 주셔서 정말 감사드립니다. 그동안 저의 약한 부분을 감싸주시고 건강을 유지할 수 있도록 돌보아 주신 것도 감사드립니다. 이제 저는 제 마음속에 숨은 사람들을 다시 만날 것입니다. 하나님, 아무것도 피하지 않겠습니다. 그동안 돌봐주신 것에 진심으로 감사드립니다."

기도를 마친 록펠러는 자리에서 일어났다. 그리고 그는 '내 안에 숨은 사람'을 마주 바라보았다.

"여보, 이제 내가 다시 당신을 만나러 떠나려 하고 있소. 그동안 너무 오래 당신과 떨어져 있었던 것 같구려."

록펠러는 아내가 눈앞에 보이기라도 하는 듯이 중얼거렸다.

그날 오후 손자인 로렌스에게 이런 말을 했다.

"나는 네가 타고 언덕을 미끄러져 내려가는 자전거와 같단다. 나는 참 많이도 내려왔구나. 아무래도 더 이상은 무리일 게다."

손자는 나중에야 할아버지의 말뜻을 이해할 수 있었다. 그날 저녁 성경시간에 록펠러는 〈창세기 13장 14~18절〉을 읽어달라고 비서에게 부탁했다. 비서는 낭랑한 음성으로 그 구절을 읽었다.

"롯이 아브람을 떠난 후에 여호와께서 아브람에게 이르시되 너는 눈을 들어 너 있는 곳에서 북쪽과 남쪽 그리고 동쪽과 서쪽을 바라보라. 보이는 땅을 내가 너와 네 자손에게 주리니 영원히 이르리라. 내가 네 자손이 땅의 티끌 같게 하리니 사람이 땅의 티끌을 능히 셀 수 있을진대 네 자손도 세리라. 너는 일어나 그 땅을 종과 횡으로 두루 다녀 보라 내가 그것을 네게 주리라. 이에 아브람이 장막을 옮겨 헤브론에 있는 마므레 상수리 수풀에 이르러 거주하며 거기서 여호와를 위하여 제단을 쌓았더라"

그날 밤 꿈에 하나님이 그에게 물었다.

"너는 이제 여한이 없느냐?"

록펠러가 하나님의 질문에 이렇게 대답했다.

"하나님께서는 저의 고난의 날에 제게 응답하시고, 제가 갔던 길에서 저와 동행하셨습니다. 그리하여 저는 여기서 하나님께로 향한 제단을 쌓았으니 그 무슨 여한이 있겠습니까?"

그의 마지막

록펠러의 98번째 생일이 며칠 앞으로 다가온 1937년 5월 22일. 그는 이따금 산소 호흡기를 대고 있어야 하긴 했지만, 정신은 아주 맑았다. 그날따라 몸이 불편한지 간호사에게 자주 몸을 일으켜 달라고 부탁했고, 간호사가 거들어주면 흡족한 표정을 짓곤 했다. 저녁 무렵 간호사에게 몸을 좀 더 높이 일으켜달라고 부탁했다. 간호사가 몸을 일으켜주자 그는 이렇게 말했다.

"음, 훨씬 좋군."

그리고는 이내 잠이 든 것 같이 보였다. 자정이 지나고 새벽이 다가오고 있을 때 그는 심장마비를 일으켰고, 얼마 지나지 않아서 숨을 거두었다. 공식적인 사인은 심장벽이 딱딱해지고 염증이 생기는 심근경색이었지만, 노환으로 인한 사망이 더 정확할 것이다. 그는 혼수상태에 빠졌고 잠든 상태에서 숨을 거두었다. 새벽 4시 5분이었다.

그는 자신의 소망인 100세까지 살지는 못했지만 세계 최고의 부자요, 세계 최고의 자선사업가라는 두 가지 인생을 멋지게 달성하고, 당시로써는 보기 드물게 1세기에 가까운 삶을 살았고, 평화롭고 조용한 죽음을 맞이했다.

5월 23일, 이른 새벽에 록펠러 2세는 아버지의 부음을 듣고 정신없이 포컨티코로 달려왔다. 그는 집안으로 뛰어 들어오자마자 마치 정신을 잃은 사람처럼 단숨에 2층으로 달려 올라갔다. 그러나 그의 아버지의 심장은 멎어 있었다. 그리고 1시간쯤 지나 숨을 거두었다.

다음 날 며느리인 애비 올드리치는 자신의 누이에게 편지를 썼다.

아버님은 주무시듯 돌아가셨어. 정말 놀라운 임종이었단다. 이따금 존과 나는 아버님이 식물인간이 되시지는 않을까, 많이 괴로워하시지는 않을까 하고 염려했지만, 그분은 돌아가시기 전 금요일에 60킬로미터나 드라이브하셨고, 토요일에는 네 시간 동안 정원에 느긋이 앉아 계셨다는구나. 다만 일요일 아침 기도만 치르지 못하셨지. 그러니 정말 편안히 가신 거야.

록펠러의 장례식은 5월 25일, 가족과 친지들, 몇 명 남지 않은 동료들, 그리고 은퇴 후 사귄 몇 안 되는 친구들만 참석한 가운데 포컨티코에서 치러졌다.

추도 예배가 끝나자 포컨티코의 일꾼들이 모자를 벗고 늘어서서 마지막 떠나는 주인을 전송했다. 그날 저녁 6시 반, 그의 시신은 록펠러 2세와 그의 다섯 명의 아들이 운구하는 가운데 두 대의 전세 열차에 올랐다.

5월 27일, 존 데이비슨 록펠러는 20년 만에 클리블랜드에 돌아왔다. 그는 아내 로라와 어머니 엘리자 사이에 묻혔다. 그의 주위에는 가족뿐만 아니라 장인·장모를 비롯해서 그와 고락을 같이했던 수많은 친구들이 잠들어 있었다. 마크 한나, 모리스 클라크, 친구 부인 바커스, 그리고 주치의 비거도 있었다.

그가 땅에 묻히던 날, 스탠더드 오일 본사와 미국 전역과 전 세계의 수많은 관련 기업들이 일제히 5분 동안 일을 멈추고 묵념했다. 한때는 독점 자본가의 표상으로 욕도 많이 먹었으나, 이제는 최대의 자선사업가요 인류의 은인으로 칭송받는 사나이를 위한 묵념이었다.

록펠러는 5명의 자녀와 15명의 손주, 11명의 증손자, 증손녀를 두었고 그가 남긴 재산은 2500만 달러 정도였다. 그는 자신의 재산을 다 분배하고 난 후 20년 동안 단 한 푼의 돈도 축내지 않는 자본가다운 면모를 죽을 때까지 보여준 셈이다.

너희에게나 다른 사람에게나 판단 받는 것이 내게는 매우 작은 일이라 나도 나를 판단치 아니하노니 내가 자책할 아무것도 깨닫지 못하나 그러나 이를 인하여 의롭다 함을 얻지 못하노라 다만 나를 판단하실 이는 주시니라

〈고린도전서 4장 3~4절〉

32. 록펠러가 남긴 것

록펠러가 남긴 유산

록펠러의 사망 소식이 전해지자, 한때 그를 비난했던 사람들도 그를 칭송하기 시작했다. 그의 주요 적수였던 법원의 사무엘 언터마이어는 '세계 제일의 시민'이라고 추켜세웠고, 유력한 정치인 제임스 A. 팔리는 록펠러를 '위대한 비전을 지닌 위대한 인물'이었다고 평가했다.

오늘날 흔히 록펠러는 세계 최고 부자의 대명사로 불린다. 그는 100년 가까이 살면서 현재 가치로 환원할 경우, 현존하는 세계 최고의 부자로 알려진 아마존 창업자 제프 베이조스보다 무려 세 배가 넘는 돈을 벌어들였다.

영국의 철학자 버트런드 러셀이 비스마르크와 더불어 현대를 만든 사람들 가운데 가장 두드러진 공을 세운 사람으로 록펠러를 꼽을 정도로 현대 자본주의 체제를 구축하는 데 큰 기여를 한 인물로 평가받고 있다.

록펠러는 지금까지 우리가 살펴봤듯이 가난한 가정의 평범한 아이로 태어났다. 그는 다른 분야에서는 평범한 아이에 지나지 않았지만, 뛰어난 암산 실력과 난해한 수학 문제를 잘 풀 수 있는 재능이 있었다.

그는 대학도 졸업하지 않은 채 취직해서 사업을 배웠다. 그는 꿈이 크고 타고난 사업 감각이 있었다. 그는 스무 살의 나이에 회사를 차렸고, 때마침 일어난 '남북전쟁'과 '오일러시'를 만나 승승장구하는 기업인이 되었다.

그에게는 앞날을 내다보는 통찰력이 있었다. 그는 석유 사업을 시작하면서, 원유를 생산하기보다는 그것을 정제하는 것, 나아가 저렴하게 수송하는 것에 큰 이익이 있을 것이라고 생각했다. 그는 철도 회사와 리베이트 계약을 맺어 운송권을 장악했고, 송유관과 터미널 설비들을 인수해 경쟁자들을 물리치면서 정열적으로 사업을 추진했다.

그러는 동안 록펠러는 오직 석유만 생각했다. 옷에서는 항상 석유 냄새가 가득했고, 집에 돌아와서도 사업 구상으로 밤을 꼬박 새우곤 했다. 그리하여 그가 이끄는 '스탠더드 오일'은 한 산업의 여러 분야를 모두 독점하는 최초의 기업으로 석유 시장의 95%를 독점하면서 전무후무한 부(富)를 거머쥐었다. 하지만 그에게는 비밀 카르텔 형성과 수송업계의 리베이트 제공에 대한 비판으로 악덕 기업주라는 비난이 쏟아졌다.

1911년 '스탠더드 오일'은 미국 연방최고재판소로부터 '반(反)트러스트 법' 위반으로 해산 명령을 받고 33개 회사로 해체되었다. 그런데 회사가 해체된 이후 주가가 폭등하는 바람에 그의 재산은 2억 달러에서 10억 달러로 다섯 배나 불어났다. 그같은 일은 록펠러가 현직에서 사실상 은퇴한 이후에 발생했다.

록펠러는 그때 중요한 결심을 하게 된다.

"수익사업을 해서 세계 최고의 부자가 되었듯이 자선사업으로도 세계 최고가 되자."

그 후 그는 수익사업에서 손을 떼고 오로지 자선사업에만 전념했다. 그는 자선사업도 수익사업에서만큼 엄청난 노력이 필요하다는 것을 깨달았다. 정말로 도움이 필요한 곳을 찾아내는 것도 돈을 버는 일만큼 어려웠던 것이다.

그는 집중적이고 치밀한 자선사업을 벌임으로써 역시 '록펠러답다'는 말을 들으며 록펠러 가문의 토대를 다졌다.

록펠러는 '록펠러 의학 연구소'와 '록펠러 재단'을 비롯해서 '시카고 대학' 등 24개 종합대학과 12개의 단과대학, 그리고 4,928개의 교회를 지어서 사회에 바쳤다.

그중에서 시카고 대학은 설립 이래 100년 동안 52명의 노벨상 수상자를 냈으며, 현직 교수 중 노벨상 수상자가 29명이나 된다. 이것만 봐도 미국 사회에서 차지하는 시카고 대학의 영향력을 짐작할 수 있다.

그렇지만 록펠러는 개인적으로는 한 푼의 돈도 아끼는 근검절약의 정신으로 평생을 일관했다. 그는 사업에서 뿐만 아니라 가족에게도 엄격했으며, 그것이 옳은 일이라고 굳게 믿는 신념의 사람이었다. 그런 교육을 받고 자라난 록펠러 2세는 평생 근검절약의 정신과 자세를 견지했다.

록펠러 2세는 아버지가 세상을 떠난 2년 후, 하늘을 찌를 듯 솟아오른 록펠러 센터를 완공함으로써 위대한 록펠러 가문의 신화를 창조했다.

그 후 록펠러의 자손들은 지난 100년간 미국 사회의 기업 경영, 자선사업 분야뿐 아니라 예술, 정치 분야에서도 두각을 나타냈다.

손자인 넬슨 알드리치 록펠러는 후에 뉴욕 주지사를 거쳐서 미국 부통령에까지 올랐다. 넬슨의 남동생 윈드롭 록펠러는 아칸소 주지사가 되었고, 존 D. 록펠러 4세는 웨스트버지니아 주지사와 상원의원이 되었다.

1998년 『타이탄』이라는 록펠러 평전을 쓴 론 셔나우는 록펠러를 이렇게 평가하고 있다.

"록펠러는 전통적으로 부유한 자의 본분으로 여겨졌던 자선 활동의 개인적이고 임시변통적인 형태를 더 효과적이고 일반적인 것으로 바꾸어놓았다. 그는 빈민에게 구호물자를 전달하고 학교나 병원, 미술관을 짓는 것 이상으로 중요한 일, 즉 지식, 특히 과학의 장려와 발전에 대한 인식을 확립했다. 그는 계획 단계부터 시작하여 비수익사업의 효율적 운영, 재단 설립의 전문적 의식에 대한 기준까지, 자선사업 분야에서 전문성의 중요함을 확실히 인식시켰다. 록펠러는 누구도 할 수 없는 좋은 일을 너무 많이 했기 때문에 하나님께서는 록펠러의 선행을 기억하고 기뻐하셨을 것이다."

부자로 남은 록펠러 가문

이처럼 세계 최고의 부자, 세계 최고의 자선사업가가 된 록펠러에게는 남들이 다 아는 공공연한 비밀이 하나 있었다.

그는 자신이 버는 돈의 10분의 1을 반드시 교회에 헌금했다는 사실이다. 이렇게 말하면 어리둥절해 하는 독자들이 있을 것이다. 지금까지 이 책을 읽었는데 그걸 모르는 사람이 있겠느냐고.

하지만 록펠러가 평생 자신이 버는 돈의 10분의 1을 반드시 교회에 헌납했다는 사실에는 그만이 알고 있던 비밀이 있었다는 것을 독자는 알아야 한다. 이 책은 지금까지 이 비밀을 밝히기 위해서 씌여졌다. 그 비밀은 아주 간단하다.

세상에 기독교 신자들이라면 대부분의 많은 신자들이 십일조를 꼬박꼬박 헌금하고 있다. 하지만 다른 교인들이 어떤 의무감에서만 십일조 헌금을 내고 있다면, 록펠러는 다른 신념을 가지고 십일조를 냈다는 점이 다르다.

록펠러는 앞에서 살펴보았듯이 십일조의 비밀을 알고 있는 사람이었다. 그러나 그가 알고 있던 진정한 십일조의 비밀은 그보다 더 큰 것이었다. 자신이 헌금하는 십일조는 하나님의 밭에 뿌려져서 싹을 틔우고 자라나 열매를 맺는 씨앗이란 것을 그는 알고 있었던 것이다. 그저 단순하게 번 돈을 교회에 바치는 것이 능사가 아니라, 정성을 들여서 자신이 번 돈을 계산하고 허투루 쓰지 않으며, 씨앗을 뿌리는 마음으로 간구하며 헌금을 바쳤다. 그러면 하늘의 밭에서 그 씨앗은 움트고 자라나 다른 곳으로 가는 것이 아니라, 그 열매를 본인 자신에게 돌려주는 것이었다.

록펠러는 그것을 하나님이 복리로 불려주신다고 표현했다. 그래서 그는 40명이나 되는 직원을 두고 십일조를 계산하게 했고, 가장 정직하게 십일조를 헌금하는 모범을 보여주었다. 그는 씨앗은 뿌린 대로 거두는 것이며, 아무 곳에나 뿌리는 것이 아니라 가장 풍요로운 대지인 하늘에 뿌리는 것이란 것을 인류에게 확연하게 보여준 '첫 사람'이 되었다. 거기에 록펠러의 십일조의 비밀이 숨겨져 있음을 우리는 잊어서는 안 된다.

많은 사람들이 성공을 위해 앞도 보지 않고 내달리지만, 세상은 1% 대 99%의 살벌한 전쟁터로 변해 가고 있다. 그것은 성공한 많은 사람들이 성경이 가르치는 바를 망각한 탓이다.

이 책을 닫으면서 우리는 록펠러가 우리에게 남긴 유산을 다시 한번 깊이 가슴에 새겨야 할 것이다. 훗날 그는 자신의 일생을 돌아보며 자서전에 이렇게 밝혔다.

"내가 전 세계 인류의 자유에 도움을 줄 수 있는 엄청난 재산을 모은 것은 하나님의 섭리입니다. 나는 남들에게 돈을 나누어주기 시작한 뒤로 오히려 재산이 점점 불어나는 하나님의 선물을 받았기 때문입니다."

땅의 십분 일 곧 땅의 곡식이나 나무의 과실이나 그 십분 일은 여호와의 것이니 여호와께 성물이라. 사람이 그 십분 일을 속하려면 그것에 그 오분 일을 더할 것이요, 소나 양의 십분 일은 막대기 아래로 통과하는 것의 열째마다 여호와의 거룩한 것이 되리니

〈레위기 27장 30~32절〉

록펠러의 신앙지침 10가지

1. 하나님을 친아버지로 섬겨라.

2. 목사님을 하나님 다음으로 잘 섬겨라.

3. 오른쪽 주머니에는 항상 십일조를 준비해 두라.

4. 원수를 만들지 말라.

5. 예배를 드릴 때는 항상 앞자리에 앉아서 드려라.

6. 항상 아침에는 그 날의 목표를 세우고 하나님께 기도
   하라.

7. 잠자리에 들기 전에는 반드시 하루를 반성하고 기도를
   드려라.

8. 남을 도울 수 있으면 힘껏 도와라.

9. 주일날 예배는 꼭 본 교회에서 드려라.

10. 아침에는 제일 먼저 말씀을 읽어라.

다시 읽는 록펠러
－십일조의 비밀을 안 최고의 부자

초판 1쇄 인쇄 | 2019년 06월 17일
초판 1쇄 발행 | 2019년 06월 27일

지은이 | 이채윤
펴낸이 | 김용길
펴낸곳 | 작가교실
출판등록 | 제 2018-000061호 (2018. 11. 07.)

주소 | 서울시 동작구 양녕로25라길 36, 103호
전화 | 02) 334-9107
팩스 | 02) 334-9108
이메일 | book365@daum.net

값 13,000원

도서공급처: 행복한마음

*파본은 구입하신 서점에서 교환해 드립니다.
*이 책의 일부는 아모레퍼시픽의 아리따글꼴을 사용해 디자인 됐습니다.